군대 생활 백서

군대 생활 백서

1판 1쇄 | 2006년 9월 1일

지 은 이 | 권태진
펴 낸 이 | 손형국
펴 낸 곳 | (주)에세이
출판등록 | 2004. 12. 1(제395-2004-00099호)

주   소 | 412-791 경기도 고양시 덕양구 화전동 200-1 한국항공대학교
           중소벤처육성지원센터 409호
홈페이지 | www.essay.co.kr
전화번호 | (02)3159-9638~40
팩   스 | (02)3159-9637

ISBN 89-6023-056-1 03810

이 책의 판권은 지은이와 (주)에세이에 있습니다.
내용의 일부와 전부를 무단 전재하거나 복제를 금합니다.

군대 생활 백서

권태진 에세이

머리말

 군대를 제대한 사람들 중에 "내가 있던 군부대 쪽을 보고서는 소변을 보지 않는다."라고 말할 정도로 군 생활에 대해 경멸하는 사람들이 많다. 그러나 남자들이 모이는 술자리의 주된 화두는 당연히 군대시절에 있었던 이야기들이다.
 자신이 근무한 부대에서 해 먹던 뽀글이(봉지라면) 제조법이나 건빵을 맛있게 먹는 방법, 군대에서 축구를 했던 일을 서로 이야기하는 경우를 종종 볼 수 있을 것이다.
 생리적인 문제로 다급해진 상황에서도 자신이 복무했던 부대의 방향을 보고는 절대 욕구 해소를 하지 않겠다고 하더니 술자리에서는 군대 이야기가 제일 재미있는 화두인 것을 보면 참 아이러니하다.
 이처럼 말로는 군 생활이 정말 지옥이었다고 하지만 전역을 하고 사회인이 되면 힘들고 춥고 배고팠던 군대시절이 하나의 좋은 추억으로 자리 잡는 것이다.
 작가도 군 생활을 하면서 부당한 작업을 하게 되면 간부가 없을 때 몰래 간부 욕을 하기도 했고 나에게만 괜히 시비를 거는 고참을 두고 뒤에서 동기들과 호박씨를 까며 흉을 보았다. 말년 병장이 되었을 때는 간부들의 눈을 피해 도망 다니기도 했다. 그야말로 군대 시절 어느 부대에서나 볼 수 있었던 보통의 병사였다.

이 수필은 작가가 군대에 있었던 2년 동안 보고 느끼고 생각한 것과 2년 동안 너무도 달라진 사회에 나와서 보고 느꼈던 것들을 글로 적은 것이다.

명문대를 다니는 것도 아니고 뭐하나 내세울 것도 없는, 주위에서 흔히 볼 수 있는 지극히 평범한 사람이다. 또한 평범함 때문에 백이 없어 힘든 야전부대에서 근무하다 전역을 하였지만 이런 평범함 때문에 군대 갔다 온 사람들이면 누구나 공감할 수 있는 내용의 글을 쓸 수 있었다.

이 책에 있는 글들 중 어떤 내용들은 어쩌면 자신이 복무했던 부대의 특징과 다른 점이 많다는 생각이 들 수도 있다. 그것은 복무한 곳이 다르기 때문에 그러려니 하고 생각해 주었으면 좋겠다.

    이 글이 군대를 전역하고 열심히 사회생활을 하는 예비역 개구리들에게 군대 시절의 추억을 되살리는 원동력이 되었으면 한다. 군대에서 열심히 복무를 하는 현역 군인들에게는 이 책이 지금의 힘든 시기가 나중에 좋은 추억이 된다는 생각을 가질 수 있는 기회를 제공했으면 좋겠다. 군 입대를 준비하는 사람들에게는 군대에 대해 희망과 각오를 새롭게 다지는 좋은 자료가 될 것이다. 가족이나 애인이 군복무를 하는 사람들에게는 귀한 아들, 너무나 사랑하는 애인이 어떻게 군 생활을 하는지 조금은 이해를 할 수 있었으면 하는 게 글을 쓴 작가의 소망이다.

    군대에서 복무를 할 때는 정말 고통스럽고 힘들었지만 전역을 하면 그때 당시의 고통들이 어느덧 좋은 추억으로 자리 잡는다. 나를 힘들게 하던 고참이나 간부들도 지금은 또다시 보고 싶어진다.

    남자는 군대를 갔다 오면 철이 든다는 이야기처럼 2년이란 기간이 결코 짧지는 않지만 사회에 나오면 알게 모르게 많은 도움이 된다는 것을 깨닫는다. 누구나 남자라면 한 번은 갔다 와야 하는 군대…. 이런 군대에 대한 이야기를 이제 막 전역한 개구리의 입장에서 쓴 것이기 때문에 부족한 면이 많으리라고 생각한다. 책을 보시고 의견이나 글에 대한 평을 작가에게 보내고 싶으신 분들은 ktj3815@naver.com으로 메일을 보내 주었으면 좋겠다.

차례

1. 개구리 소개 _ 10
2. 여름 _ 13
3. 돌머리 _ 15
4. 통증 _ 18
5. 무좀 _ 21
6. 재테크 _ 24
7. 분대장 생활 _ 29
8. 변태 _ 32
9. 개구리 성장기 _ 35
10. 똥포 _ 39
11. 똥 국 _ 43
12. 왕고 _ 46
13. 경상도 사나이 _ 49
14. 욕 _ 53
15. 비생산적 활동 _ 56
16. 간부 중심 _ 60
17. 데이트 _ 63
18. 수양 록 _ 71
19. 수양 록 번외 글 1 _ 82
20. 수양 록 번외 글 2 _ 88
21. 편지 _ 93
22. 골초 _ 98
23. 무교신자 _ 102

24. 곰 신 _ 107
25. 돈 _ 110
26. 최신형 기기들 _ 115
27. 2년 동안 변한 것들 _ 122
28. 신선 노름 _ 126
29. 축구 _ 130
30. 개구리 수다 _ 134
31. 악천후 _ 138
32. 연예 병사 _ 143
33. 욕심 _ 147
34. 침대형 막사 _ 150
35. 다용도 물건 _ 155
36. 우연 _ 159
37. 아저씨 _ 162
38. 운전면허 _ 165
39. 고향 _ 169
40. 군중심리 _ 174
41. 매미 _ 178
42. 개구리, 뱀을 만나다 _ 181
43. 가족사랑 _ 188
44. 앵~~ _ 192
45. 충동 _ 197

1. 개구리 소개

　최근에 군대에서 전역한 개구리이다. 이제 막 전역해서 아직 몸에서 짬 내(흔히 군대에서 먹는 밥을 지칭하는 짬은 군 생활을 어느 정도 했는지를 나타내는 말이기도 하다)가 채 가시지도 않았다. 나이는 23세이고 대전에서 태어나서 줄곧 대전에서만 산 대전토박이다. 군대는 무더운 7월에 들어가서 2년 동안 죽어라 고생하고 전역했다.
　내가 군 복무한 곳은 부산이다. 부산에 뭔 군대가 있나 생각할지 모르지만 정말 없을 것 같은 남쪽지방 대도시에도 잘 찾아보면 군대가 있다. 나는 내가 있던 곳이 일본과의 관계에서는 최전방이라고 자부한다. 특히 독도문제가 터졌을 때는 우리가 제일 먼저 일본과 전쟁을 한다고 생각했었다. 하지만, 다르게 생각하면 가장 먼저 죽을 수도 있는 위치였다. 그런데 아직도 아이러니한 게 대전에 살던 사람이 부산까지 갈지는 정말 꿈에도 몰랐다. 20년 동안 살면서 딱 3번 정도만 간 부산을 2년 동안 있었으니 덕분에 짠 내가 몸에 뱄다.

내가 2년 동안 있던 곳은 전투부대로서 흔히 야전부대라고 불리는 곳이었다. 전방에는 한 직책을 맡으면 전역할 때까지 맡은 임무만 한다던데, 우리 최후방은 멀티플레이어란 이유를 내세워 이것저것 다 시킨다.

처음 이등병으로 들어갔을 때는 기관총을 다루는 일을 시켰다. 근데 기관총 다룬 6개월 동안 사격은 딱 한 번 해봤다. 그것도 고작 해야 30발. 기관총은 말 그대로 누르고 있으면 자동으로 총알이 계속 나가는 무기이다 보니 1분 동안 최대 500발이 넘게 나갈 수가 있는데 30발 쐈으니 진짜 잠깐 방아쇠를 눌렀지만 총알은 금세 다 나갔다.

다음으로 맡아본 직책은 통신병이다. 통신병, 정말 좋은 직책이다. 전시 때나 평시 때나 가장 중요한 역할인 통신의 역할을 하기 때문에 적에게는 제일 먼저 사살해야 하는 표적이다. 그런데 난 통신병을 매복(적이 올 만한 곳에 숨어서 망을 보는 것. 해안지방에서는 바다를 보며 매복을 함)할 때 했는데 요즘같이 두께가 10mm도 안 되는 휴대전화가 나오는 이 시대에 10kg이 넘는 통신기기를 메고 다녀야 했다.

의무병이란 직책도 맡았는데 이게 그나마 사회에서도 써먹을 수 있는 것이긴 하다. 의무병은 5분 대기조(비상사태 발생 시 가장 먼저 출동해야 하는 소수의 인원. 13명에서 15명으로 구성되어 있는데 출동하는 시간까지 총 5분 이내가 돼야 하기 때문에 5분 대기조라고 함.)를 찰 때 했던 직책으로 1년이 넘게 찼는데도 인공호흡을 하는 방법밖에 모른다.

마지막으로 가장 오래 찬 직책은 박격포를 다루는 것인데 이것은 탄을 다루는 탄약수에서 포를 다루는 포수나 부포수를 거쳐 분대장까지 총 1년 4개월 정도 했다. 박격포라는 것이 20kg이 넘게 나가는 무기로서 행군할 때 메고 가면 죽음이다. 군장 무게 20kg에 포 무게 20kg을 더하고 40km 정도의 길을 걸어간다고 생각해 보라. 그래서 난 군 생활 동안 행군이 가장 싫었다.

자 이쯤에서 개구리의 소개는 끝내고 이제부터 슬슬 개구리의 생활을 소개하겠다.

2. 여름

    7월이면 가장 무더울 때다. 이때면 사람들은 피서를 가기 위해 계획을 짜고 애들은 집에서 게임을 하느라 바쁘다. 2년 전 7월, 나는 남자라면 누구나 태어나서 가게 된다는(그때는 모두 가는 건 줄 알았는데 안 가는 사람도 많다) 군대라는 곳에 들어가게 되었다.

    내가 왜 여름에 들어가게 되었느냐면 군 복무기간이 2년이다 보니 빨리 2년 후딱 하고 2학기에 복학해야 하겠다는 생각으로 무조건 방학 때 입대를 신청했다가 여름에 들어가게 된 것이다. 근데 이게 나에게 가장 큰 실수가 될 줄이야.

    무더운 여름이지만 신병교육대에서는 할 건 다 한다. 무더운 날 행군(쉽게 말해 무거운 짐 메고 하염없이 걷는 훈련)도 하고 화생방(방에 가둬 놓고 최루탄 넣는 거. 이땐 얼굴에 있는 구멍이란 구멍

에선 물이 줄줄 나온다. 눈에선 눈물, 코에선 콧물, 입에선 침, 귀에서 물도 나온다는 친구 이야기도 들은 적이 있다)도 한다. 그런 것은 훈련이니까 참고 인내할 수는 있는데 여름에 물을 안 주는 것은 정말 힘든 고문이었다. 그 당시 조교들은 인내심을 기른다는 취지(사실은 그때 수돗물 먹으면 이질에 걸린다는 말이 진짜 이유다)에서 물을 주지 않는 것이라고는 했지만 가만히 있기만 해도 땀이 줄줄 나는 여름에 물도 제대로 주지 않고 훈련한다는 것은 사람에겐 가장 큰 고문이었다. 그래도 나와 전우들은 가끔 이용되는 화장실에서 몰래 세면대의 물을 마시면서(이질 걸리는 것보다 생존이 먼저였던 때라) 생존을 이어갈 수 있었다. 그땐 정말 신병교육대에서의 삶이 지옥 그 자체였다.

고생하면서 신병교육대를 수료하고 자대 배치를 받아 간 곳이 부산이다. 난 그 당시 부대는 다 최전방에 있고 남쪽에는 없다고 생각하였으니 당연히 부산에 부대가 있는 줄도 몰랐다. 근데 가라는 곳이 부산이니 황당할 수밖에. 무거운 더플백(정식명칭은 의류 대라고 하지만 군에서 정식명칭 쓰는 게 얼마나 될는지)을 메고 부산으로 가는 기차를 탔을 때 비로소 2달 만에 처음으로 군인이 아닌 민간인을 구경할 수 있었다. 다들 뭔 짐을 메고 휴가를 가려는 모습들. 그때 속으로 생각했다.

'나는 얼마나 지나야지만 저런 자유를 얻을 수 있을까?' 그런 생각이 벌써 2년 정도 지났다. 나도 이번에 휴가를 가야 할 텐데…. 이번 휴가가 벌써 기다려진다.

3. 돌머리

　군대에서 기상 시간은 오전 6시이다. 이건 당연히 하계시간이고 동계는 6시 반에 일어난다. 군인은 일찍 자고 일찍 일어나는 새 나라의 어린이(?) 같다고나 할까. 아무튼, 자는 시간이 일정하다 보니 저녁 9시가 넘으면 피곤해지고 아침 5시 반 정도 되면 슬슬 눈이 떠진다.
　개구리가 된 지도 얼마 지나지 않았는데 오늘도 늦잠을 잤다. 처음 전역했을 때는 그럭저럭 6시에서 7시 사이에 일어났는데, 그놈의 텔레비전이 뭔지 밤만 되면 재미있는 것만 방송하기 때문에 보다 보면 늦게 자고 늦게 자면 결국 늦게 일어난다.
　아침에 늦게 일어나다 보니 밥도 아침은 거르고 아침 겸 점심으로 먹는 아점을 먹게 된다. 먹는 것만 그런 건 아니다. 무더운 여름이다 보니 밖에 나가는 게 짜증이 나서 집에만 있는 시간이 늘어나고 그러다 보니 뱃살도 서서히 늘어나는 것 같다. 말년에 죽자 살자 열심히 노력해서 근육질의 몸으로 만들어 놨더니 얼마 지나지도 않았는데 근육은 줄어들고 지방만 늘어간다.

뭔가 대책을 세워야 하는데 걱정이다. 이제 2학기에 복학을 해야 하니 무엇보다 공부를 열심히 해야겠다는 생각이 먼저 든다. 책상에 앉아서 내가 2년 전에 배우던 학과 책을 보았다. 음... 무슨 말인지 이해가 안 된다. 2년 전에 배웠던 거라 머리에 남아 있을 줄 알았는데, 이건 뭐 처음 보는 것처럼 내용이 생소하다. 2년 동안 학과 공부를 하지 않아서 그런 것이라 생각하고 다시 한 번 굳게 마음을 먹고 열심히 공부를 하였는데 이상하게 방금 외운 내용이 기억나지 않는 거였다. 2년 동안 몸으로만 뛰고 머리를 쓰는 일이 없으니 기억력이 그대로 남아 있을 리가 없지만 그래도 이건 너무 충격적인 일이다.

한참을 낑낑대며 공부를 해도 발전이 없자 학과 공부는 학기 시작하면 열심히 진도를 따라가야겠다고 마음을 먹고 이번에는 어머니가 강력히 추천하는 토익 공부를 하였다. 요즘 토익 점수 안 나오면 학교 졸업은 물론 취직도 안 된다는 약간의 강압적인 권유로 말미암아 방학 동안에 열심히 공부하기로 마음먹었다. 나름대로 중·고등학교 때 영어는 웬만큼 잘했기 때문에 토익도 자신 있었다. 자신 있게 토익 책을 펴서 본 첫 문장은 이거였다.

'The refreshment that they are set out in the boardroom

are for Ms. cooper's visit to the office this afternoon; please do not touch them until then.'

무슨 말이지? 아는 단어라곤 visit랑 office, afternoon, touch가 전부였다. 한참을 끙끙대다 슬며시 번역한 것을 보았다.

'중역실에 차려진 다과는 오늘 오후 쿠퍼양의 사무실 내방을 위한 것입니다; 그때까지 손대지 말아 주십시오.' 라는 내용이었다. 한동안 멍하니 있었다. 어찌 보면 고등학교 정도의 수준인데 해석할 생각도 못하고 있었다. 밀려오는 좌절감.

결국, 영어도 나중에 자연스럽게 해결이 된다고 자신을 위로하며 언제나 내 친구인 텔레비전이나 보았다. 근데 이놈의 돌머리는 생각보다 심각하다. 앞으로 학과공부를 따라가고 토익 점수를 많이 받으려면 2년 동안 거미줄만 쳐진 머리가 잘 돌아가야 할 텐데….

4. 통증

아침에 일어나니 허리가 슬며시 아파 온다. 이놈의 허리는 자주 문제를 일으킨다. 그런데 허리가 아프기 시작한 것도 다 사연이 있다.

허리가 아프기 시작한 건 일병시절쯤이었는데 그 이유가 행군의 여파로 이렇게 된 거라고 나름대로 생각한다.

때는 몹시 추운 한겨울. 아무리 부산이 따뜻하다지만 부산도 영하권(전방만큼은 아니지만)으로 떨어진다. 혹한기 훈련을 모두 끝내고 이젠 마지막 훈련인 행군만을 남겨 두었다. 이미 많은 훈련으로 녹초가 되어 있던 나와 전우들에게는 이번 행군 시에 완전군장은 어떻게 해 볼만 한데 포까지 들고 가는 건 도저히 버티기 어려울 정도의 몸 상태였다. 다행히 대대장님도 우리의 몸 상태를 아시고는 완전군장은 해야 되는데 포는 가지고 가지 말라고 가뭄철에 단

비가 내리는 말을 하셨다. 우리는 서로 얼싸안고 좋다고 하며 대대장님에게 조금이나마 보답하는 차원에서 군장도 완전 FM(쉽게 말하면 완벽하게. FM의 반대말로 AM과 가라라는 말이 있는데 이 뜻은 좋게 말하면 요령이고 나쁘게 말하면 자기 맘대로 한다는 것임)으로 싸며 행군에 대한 열의를 보였다.

행군을 막 출발하려고 할 때 언제나 군인정신으로 똘똘 뭉친 우리 중대장님이 하신 말씀에 모든 생각이 그만 물거품이 되었다.

"너희 포는 왜 안 들고 와. 빨리 포 가져와."

우리는 대대장님께서 포는 들고 가지 말라고 하셨다고 말했지만 중대장님은 막무가내로 가져가라고 했다. 결국, 나는 포를 가져왔고 포수였던 내가 완전군장에 포(다 합치면 대략 40kg)까지 메고 행군을 하였다. 내 키가 165cm이고 몸무게가 60kg이 채 되지 않는데 내 몸무게의 반이 넘는 무게를 이고(포), 메고(군장) 갔으니 몸이 어떻게 되었을까? 녹초인 몸에 많이 무거운 것들을 메고 이고 행군을 해서인지 그 후부터 허리가 쑤시기 시작하였다.

허리 통증 말고도 또 하나 심하게 삐걱대며 내 몸에 통증을 일으키는 것이 바로 퇴행성관절염이다. 야전부대이다 보니 걸어 다닐 일이 많고 또한 군장이나 포까지 메는 일이 많은 데다 부산이란 곳이 온통 산으로 뒤덮여 있어 평지를 걸어 다닐 때보다 힘이 더 많이 든다. 퇴행성관절염은 이처럼 많이 걸어 다니다 보니 무릎에 있던 연골이 다 깎이게 되고 뼈와 뼈가 직접적으로 만나면서 많은 통증을 유발한다. 퇴행성관절염은 그나마 휴식을 많이 취하면 증상이 많이 호전된다는 병인데 이놈의 군대는 앉아 있을 시간을 주지 않는 곳이다 보니 증상이 호전되기는커녕 악화만 되어서 결국엔 사회에 나와서도 오래 걷거나 서 있지 못할 정도로 내 생활에 지대한 영향을 끼친다.

23살밖에 안 된 것이 벌써 50대나 되어야 온다는 허리 통증이나 퇴행성관절염에 걸렸으니.

앞으로가 걱정된다. 특히 요즘처럼 비가 많이 오는 장마철이 두렵다. 비가 오면 허리와 무릎이 서서히 아프기 시작하니까.

5. 무좀

 군대에 있으면서 무좀에 안 걸린 사람은 아마 없을 것이다. 무좀이 안 걸렸다는 사람은 아마 행정병처럼 전투 병과가 아닌 사람들일 것이다. 나도 군대에 있을 때 무좀에 걸렸다.
 무좀에 걸리는 아주 큰 이유 중의 하나가 군대에서 주는 전투화 때문인데 전투화의 가장 큰 단점은 전혀 통풍이 안 된다는 것이다. 어느 정도냐 하면 새 전투화를 신고 여름 장마철에 밖을 돌아다녀도 물기가 전혀 전투화 안으로 들어오지 않을 만큼 장화 같은 방수력을 보여 준다. 물도 스며들지 못할 정도니 당연히 공기도 쉽게 전투화 안으로 통하지 못한다.
 자주 씻으면 무좀은 안 걸릴 거 아니냐는 아낙네 분들의 질문도 있으시겠지만 전투부대의 꽃인 5분 대기조를 하면 씻는 건 꿈도 못

꾼다. 5분 대기조는 언제나 출동준비 태세를 유지해야 하기 때문에 아침에 눈뜨자마자 밤에 잠자기 전까지 전투화를 신고 다니는 건 물론 잠잘 때도 전투화를 신고 자는 경우가 있다. 이렇게 1주일 동안 5분 대기조를 하다 보면 발 씻을 시간도 없는데 뛰어다니기만 하니 저절로 발에 땀이 차고 땀이 차면 습기가 생기고 거기다 발까지 따뜻해지니 그야말로 무좀균이 번식하기에는 딱 좋은 환경이다. 5분 대기조 말고도 훈련기간에는 야간 훈련을 할 때가 많은데 그때도 발을 제대로 못 씻어서 사태가 악화하는 경우가 많다.

이놈의 무좀을 없애려고 별별 방법을 다 써봤다. 민간요법으로 식초가 무좀에 좋다는 말을 듣고 휴일에 취사장에서 어렵게 얻은 식초에 발을 담가 보았는데도 별 효과가 없었고 의무대(학교로 말하면 양호실)에서 받은 무좀약을 열심히 발랐지만 역시나 약도 군용은 다르다고 전혀 효과가 없었다.

군대에는 이처럼 습기로 인해 습진이 생기는 경우가 많은데, 사타구니에 완선이란 것도 생각보다 많이 생긴다. 이건 땀을 많이 흘리는 여름에 자주 발생하는데 땀을 많이 흘려 사타구니에 땀이 차도 전투복은 통풍이 잘 안 되기 때문에 가려워서 긁다 보면 저절로 완선이 생긴다. 최근에 하계용 전투복이라고 해서 더 얇고 통풍도 잘 된다는 전투복이 나오기는 했지만 동계용 전투복보다 얇긴 하지만 통풍은 그리 잘 안 된다.

군대에서 걸려온 무좀과 완선이 신기하게도 사회에 나오니 많이 치료가 되었다. 병원에 가서 진료를 받거나 약을 바른 것도 아닌데 가렵지도 않고 부기도 많이 빠져 있다. 이유를 곰곰이 생각해 보니 여름이라 덥다 보니 집에서는 얇은 옷차림으로 돌아다녀서 그런 것 같았다. 통풍이 잘 되니까 저절로 치료가 되는 것이다. 아무리 군대 안에서 치료하려고 별의별 방법을 다 써도 안 되던 것이 이리 간단히 치료될 줄이야.

역시 뭐든 사회에 있는 게 가장 좋다.

6. 재테크

2년 전 내게는 200만 원 정도의 재산이 있었다. 200만 원이 큰 돈은 아니라고 생각하는 사람들이 있겠지만 그 돈은 초등학교 때부터 받은 세뱃돈이나 아버지 친구 분들이 놀러 오셔서 주고 가신 용돈을 모은 거라 나에게는 정말 피땀 같은 것이다.

입대 전에 고민이 있었다. 이 돈을 가지고 과연 어떻게 할 것인가 하는 고민. 그 당시 은행 이자율이 평균 3%밖에 되지 않았기 때문에 200만 원을 2년 동안 넣어 두어도 겨우 12만 원이란 이자가 붙는다. 거기서 세금 떼면 남는 게 별로 없다.

그래서 다른 쪽으로 생각한 방법이 바로 주식 투자이다. 주식은 아무리 못해도 1년에 3퍼센트가 넘는 이익을 얻을 것 같다는 생각이 들었다. 2년 동안 안전하게 놓아둘 종목을 찾기 위해서 입대 전

4개월 동안 실제로 소액이지만 주식 투자를 하면서 경험을 쌓아갔다. 근데 4개월 동안 한 주식투자 때도 3퍼센트를 훨씬 넘는 이익을 보아서 어느 정도 자신감이 붙어 있었다.

입대를 하기 몇 주 전, 슬슬 투자할 종목을 살펴보았다. 그러나 그때는 하도 모든 종목이 계속 하락세를 나타내고 있어서 나중에 휴가 나오면 사야겠다는 마음을 먹고 있던 돈을 모두 그냥 두고 입대를 하였다.

열심히 군 복무를 하다가 일병 정기 휴가를 나온 날, 인터넷으로 종합 주가지수를 확인하고는 기절하는 줄 알았다. 내가 입대하던 당시에는 800과 900선 사이를 오르락내리락하더니 휴가를 나와서 보니 1200포인트가 넘어가는 것이었다. 말 그대로 어느 종목을 사도 대부분 이익은 본다는 것이다.

입대 전 아무 종목이나 사뒀으면 많은 이익을 볼 수 있었다는 후회가 밀려들었지만 아쉬운 마음을 뒤로 하고 이제 다시 한다는 마음에서 나중에 많이 오를 만한 종목을 찾아보았다. 그러다 눈에 띈 종목이 휴대전화 단말기를 만드는 회사의 주식이었다. 우리나라 단말기 시장 3번째 점유율을 차지하는 기업이었는데 이상하게도 남들 오를 때 오히려 더 떨어져 2,500원 하던 주식이 1,900원대로 떨어진 것이었다. 게다가 그 기업이 이동통신사가 가지고 있던 단말기 회사를 인수했다는 소식을 듣고는 이 회사가 나중에 크게 오를 것이란 생각에 얼른 1,950원에 600주를 매수하였다.

그리 욕심이 있었던 것은 아니다. 그저 2,500원 정도만 되면 팔아서 30만 원의 이익을 보고 그 돈으로 전역해서는 내 돈으로 휴대 전화를 사야겠다는 작은 희망을 품었다. 흐뭇한 마음에 부대에 복귀하고 일병 정기휴가를 갔다 온 후 6개월 뒤. 이번에 포상휴가를 받아서 대전에 올라왔다.

집에서 짐을 풀자마자 바로 PC방에 달려가 내가 산 단말기 회사 주식을 보았는데 모니터에 떠오른 금액을 보자 내가 뭔가 잘못 본 것이라는 생각에 눈을 비비고 모니터를 뚫어지게 보았다. 1,450원. 6개월이 지났는데 오르기는커녕 오히려 손해를 보았다. 그것도 내가 500원만 오르면 팔아야겠다고 마음먹었던 금액이 오히려 500원만큼 떨어진 것이었다. 혹시 종합주가지수가 떨어진 게 아닐까 하는 마음에 종합주가지수도 확인해 봤는데 지수는 오히려 1400선으로 다가서고 있던 것이었다.

'이건 아닌데.' 하는 마음으로 단말기 회사와 마지막까지 무엇을 매수해야 할지 고민을 하게 한 대기업 지주 회사를 보았는데 그건 오히려 6개월 전보다 2배나 오른 가격이었다. 하늘이 노래지는 느낌이 이런 것일까? 비록 적은 액수라면 액수이지만 용돈도 안 받는 나로서는 30만 원도 대단히 큰 액수이다. 거기다 더욱 기가 막힌 것은 종목뉴스를 확인하니까 이 회사가 이번 분기에 사상 최대의 적자가 났다며 목표가가 1,000원대로 떨어질 거 같다는 투자회사들의 의견이 올라왔다. 더는 전망이 없겠다 싶어서 얼른 1,450원에 팔아 버리고는 다른 종목을 찾기 위해 몇 시간이고 많은 기업의 지표를 확인하였다. 게다가 이번에는 분산투자라는 또 하나의 변수까지 두었다.

　3개의 종목을 최종 찾아서 그중에 2종목에 투자를 하기로 마음먹었다. 이번에는 군대에서 아끼고 아껴서 모은 월급까지 통틀어서 투자하기로 마음먹었다. 한 회사는 증권 회사인데 최근에 10,000원까지 올라갔다가 5,000원대로 떨어진 회사로서 10,000원은 아니더라도 7,000원만 가도 좋겠다는 마음에 4,950원에 400주를 매수하고 또 다른 회사인 우주통신회사는 앞으로 우주 쪽이 전망이 있겠다고 생각하여 500원에 400주를 매수했다. 이 종목은 그저 전역할 때까지 오래 두기로 마음먹어서 구체적인 매도희망 액수는 신경 쓰지 않았다.

　그렇게 또다시 희망을 품고 부대에 들어갔다. 그로부터 몇 달 후 낡은 창고를 고쳐 만든 내무실에서 분대단위 침대형 내무실을 쓰는 막사(군인이 사는 집)로 이전하면서 유선방송이 나오게 되었는데 기대하는 마음을 가지고 텔레비전을 켜서 주식전문 방송을 확인해 보다 뒷골이 당기는 느낌을 받았다.

　4,950원에 산 증권회사 주식은 한참 떨어져 2,000원에 간신히 턱걸이를 하고 있고 가장 큰 기대를 하고 있던 우주통신회사는 관리 종목에 들어가서 아예 거래 정지가 되어 버렸다. 이번에도 혹시나 하는 마음에 종합주가지수를 확인해 보았는데 이번에 아주 1400선을 넘어서 사상최고라는 뉴스가 방영되는 것이었다.

　결국, 사회인이 된 지금도 아직 그 두 종목의 주식을 가지고 있다. 증권회사 주식은 그나마 3,000원까지 올라섰지만 우주통신회사는 아직도 거래정지가 돼 있다. 결국, 30만 원만 모아서 내 힘으로 휴대전화기를 사야겠다는 소박한 꿈이 2년이 지난 지금, 170만 원에 1년 넘게 모은 내 월급 50만 원을 합쳐 투자한 돈이 이제 겨우 120만 원이 남았다.

 결국, 휴대전화기나 기타 옷을 사는 비용을 또다시 부모님에게 손을 내밀어야 할 처지가 되었다. 주식투자 실패 원인을 곰곰이 생각해 보니 아무래도 정보 부족인 것 같다. 주식은 타이밍과 정보싸움인데 워낙 부대 안에서 사회 돌아가는 걸 모르다 보니 주가가 내리는 것도 몰랐고 그저 오래 두면 오르겠다는 허황된 생각이 손해를 많이 보는 것으로 작용하였다. 이제 나의 소박한 꿈은 그저 원금만이라도 찾았으면 하는 것이다. 제발 원금만.

7. 분대장 생활

내 군 생활 중 9개월이 분대장 기간이었다. 분대장이란 것은 말 그대로 1개의 분대를 통솔하는 장으로서 회사로 따지면 어떤 과의 과장 정도라고 할 정도로 책임감이 요구되는 직책이다. 분대장이면 높은 위치에서 9개월 동안 편하게 군 생활을 했겠다고 생각하는 사람들이 많지만, 요즘 군대 분위기가 많이 변해 예전처럼 분대장이 되면 뒤에서 후임들이 작업을 하는 것을 지켜보기만 하던 그런 시대는 지났다.

2006년도부터 군대에는 '병영 생활 행동강령'이라는 파격적인 계획이 나왔다. 그 내용인즉 병사들 간에는 지시나 명령을 할 수 없는 것도 있고 구타나 가혹행위를 하지 못하게 하는 것도 있다. 이런 게 나오다 보니 요즘 군인들은 이걸 빌미로 삼아 고참에게 일명 '배

째라' 식으로 나오는 군인이 있어서 분대장으로서 분대를 지휘하기가 여간 어려운 일이 아니다. 그래서 요즘 분대장들은 자신이 솔선수범하는 모습을 보여서 밑에 있는 군인이 따라오게 하는 방법을 많이 쓴다. 하지만 요즘 군인이 어떤 군인들인지, 잘해주면 잘해줄수록 오히려 분대장이나 고참들을 얕잡아 보는 게 요즘 군인이다. 그러다 보니 분대장을 차고 있던 9개월이 분대원으로 있던 15개월보다 오히려 고통스러운 시절이었다.

분대 전체에 한 달에 한 번씩 분대 활동비라고 해서 돈이 나온다. 게다가 2006년도부터는 병사들 월급도 올라서 병장만 해도 한 달에 72,000원이라는 월급을 받는다. 휴가 나와서 들어 보면 2000년도 이전에 군인이었던 사람들은 병사 월급이 보통 10,000원 안팎이란 이야기를 많이 하는데 그 당시에 비해서는 많이 받는다.

그런데 문제가 무엇이냐면 많이 받을수록 많이 쓰게 된다는 점이다. 그것도 나만을 위해 많이 쓰는 것도 아니고 모든 돈이 후임들에게로 돌아간다. 특히 분대 활동비라고 나오는 적은 돈을 이용하여 후임들은 PX(다들 아시겠지만 쉽게 말하면 군대 매점) 가야 한다고 조른다. 어쩔 수 없이 데리고 가면 이놈들은 제일 고가의 냉동(동그랑땡, 만두, 곱창 같은 냉동식품을 줄여서 부르는 말)만을 고르니 5명만 데려가도 건장한 20대 초반의 군인이 먹는 거라 보통 20,000원이 금방 깨진다. 그걸 보통 한 달에 5회 정도만 한다고 생각해 보라. 분대장들은 언제나 적자 신세를 면치 못한다.

돈만이 문제가 아니다. 간부들과의 관계에서도 문제가 많다. 흔히 분대장은 병사들과 간부들을 연결해 주는 다리라는 말을 많이 듣는데, 이 다리가 있어도 한쪽에서 많이 압박을 가하면 결국 무너지고 마는 법이다. 병사들은 분대장을 이용하여 부탁하기 어려운 것을 간부에게 건의해 줄 것을 요청하고 간부들은 분대장에게 병사들 관리 좀 잘 하라고 지시한다. 간혹 가다 잘못되는 부분이 있으면 분대장만 나무란다.

오갈 데가 없는 분대장들은 결국 가운데 끼어서 이러지도 저러지도 못하는 불쌍한 신세로 전락하고 만다. 결국, 내 바로 맏후임보다 조금 일찍 군대를 들어왔다는 죄로 이런 힘든 분대장 생활을 오래 한 것이리라 나 자신을 위로했다.

이처럼 힘든 분대장들 기라도 팍팍 세워 줬으면 좋겠다. 분대장들 파이팅.

8. 변태

퇴행성관절염과 허리 통증을 이대로 내버려 두면 안 되겠다고 생각하던 어느 날, 문득 관절에는 수영이 최고라는 소리를 듣고 한걸음에 수영장으로 갔다. 더운 여름인 데다 여러 가지 질병도 낫고 전역하고 처진 몸도 다시 근육질로 만들어야겠다는 1석3조의 생각으로 회원으로 등록하고 수영을 하기 위해 수영장 안으로 들어갔다.

수영장 안으로 들어서자 눈앞에 보이는 놀라운 광경. 방학이라 그런지 젊은 여자 분들이 많은 것이었다. 그냥 실내수영장이기 때문에 비키니는 못 입고 일체형 수영복을 입고 있었지만 그 모습들이 어찌나 눈을 뗄 수 없게 만들던지. 결국, 수영은 고사하고 여자들 구경하기에 정신이 없었다.

한참을 구경하다가 문득 나 자신이 부끄러워지는 느낌이 들었다.

'안돼. 수영을 할 목적으로 온 거지 여자들 구경하러 온 건 아니잖아.'

하지만 내 안의 또 다른 놈이 이런 이야기를 하였다.

'뭐 어때. 2년 동안 여자들도 제대로 구경한 적도 없으니 상관없잖아. 더군다나 알몸도 아니고 수영복을 입은 모습인데…'

이렇게 내 안에 있던 천사와 악마가 서로 싸우고 있었다. 근데 곰곰이 생각해 보면 악마 같은 놈의 말이 오히려 더 일리가 있다. 2년 동안 군대에 있으면서 여자를 구경한 적은 휴가나 외박 같이 부대를 나올 수 있을 때가 전부이고 부대 안에서 여자를 구경할 기회는 1년에 2번 정도 오는 헌혈 차에 타고 있는 적십자 간호사 분들이 전부다. 군대에서 얼마나 여자를 구경 못하면 전방에는 할머니만 지나가도 환호를 한다는 말이 이런 근거로 나오는 것이다.

아무리 그래도 여자 몸을 구경한다는 것은 예의에 어긋나는 것 같아 다시 수영하는 데 집중하였다. 애써 수영에 몰두해서 다시는 여자들을 뚫어지게 구경하는 일은 없었다.

수영을 마치고 피곤한 몸을 이끌고 집으로 가는데 내 앞에 긴 생머리에 흰색 투피스를 입은 여자 분이 걸어가는 것이었다. 근데 상의가 흰색이다 보니 뒤의 속옷 라인이 다 비치고 하의인 치마는 많이 짧아 걸을 때마다 살짝살짝 올라가는 것이었다. '그냥 더우니까 그렇겠지.'라고 생각해 보지만 이놈의 눈은 계속해서 그 여자의 다리만 훑어보고 입에는 침이 고인다. 왜일까. '나는 변태가.' 한심한 나에게 이런 질문을 던져 본다. 난 정말 변태일까.

하지만 예전에는 이렇지 않았다. 우리 학교는 학교 특성상 여자가 70퍼센트나 된다. 군대 가기 전에도 학과나 동아리엔 대부분이 여자들이 많았는데 그때는 이런 감정이 일어나지는 않았다. 결국, 오랫동안 여자를 못 본 것 때문에 자꾸 이성의 겉모습만을 탐하는 변태로 서서히 바뀌는 것 같다.

이러는 내가 싫다. 어서 예전처럼 여성들을 정상적인 모습으로 바라볼 수 있어야 할 텐데….

시간이 지나서 여자에 대한 환상이 깨질 때까지 기다리는 수밖에 없다. 군대에 있을 때처럼 시간이 모든 걸 해결해 주겠지.

9. 개구리 성장기

처음 알에서 올챙이로 깨어나기를 바라는 마음은 신병교육대 시절 훈련병 군인이 이등병 계급장을 바라는 마음과 똑같을 것이다. 올챙이도 알에서 깨어나기 위해서는 서로 알이 붙어서 온도를 일정하게 유지해 주고 강한 물살이 밀려 와도 쉽게 떠내려가지 않게 붙잡아 주는 것처럼 군인이 되기 위한 훈련병들은 신병교육대 시절의 역경과 고난을 서로 전우들에게 의지하고 격려해 주며 헤쳐 나가야 나중에 진정한 군인이 되는 것이다.

이등병을 단 병사는 이제 막 알에서 깨어나 헤엄을 치는 올챙이와 똑같다. 그들은 신병교육대를 수료하고 자대배치를 받아 막 자대 생활을 시작해 아직 아는 게 없어 어리바리하다. 마치 연약한 올챙이처럼 보호해 주지 않으면 위험에 처하는 것처럼 이등병은 언제나 관심과 사랑으로 보살펴 주어야 하는 계급이다.

일병을 단 병사는 이제 슬슬 뒷다리가 나면서 어느 정도 자신이 나아가야 할 길을 아는 올챙이와 같다. 아직 개구리가 되기에는 한참 멀었지만 뒷다리가 나면서 서서히 자신도 개구리가 될 수 있다는 자신감과 이등병 생활을 뒤돌아보며 앞으로는 자신이 해야 할 일이 무엇인지도 깨닫게 되는 자아를 가지게 된다. 그리고 일병은 속칭 일하는 병사라는 말처럼 가장 부지런해지는 시기이다.

상병을 단 병사는 이제 서서히 앞다리까지 자라 어느 정도 개구리 폼이 나는 병사이지만 아직도 군 생활을 해야 할 시간이 많이 남은 올챙이에 불과하다. 그들은 이제 군대라는 것이 슬슬 어떻게 돌아가는지 눈치껏 알 수 있고 이젠 자기 밑에 있는 올챙이와 뒷다리 난 올챙이에게 모범을 보이고 이것저것 시킬 수도 있는 위치에 오른 것이다.

병장을 단 병사는 이제 뒷다리와 앞다리가 완전히 자리 잡히고 이젠 꼬리만 없어지기를 기다리는 올챙이라고 하기에는 너무 성장해서 개구리 쪽이 더욱 가깝다고 생각되는 위치이다. 이들은 이제 군 생활에 대해 모두 통달하고 간부들의 얼굴만 보아도 오늘은 어떻게 간부를 상대해야 할지 답이 나오는 경지에까지 이르게 된다. 게다가 간부들도 이런 개구리에 가까운 부류들에게는 터치를 잘 안 하기 때문에 이런 부류는 힘이 들면 몰래 짱 박히거나(학교로 말하면 땡땡이 정도라고 해야 할 듯) 이런저런 핑계를 대서 더 쉬운 일을 찾아다니는 수준에까지 이르게 된다.

이처럼 병장도 다 지나가서 이젠 개구리 마크를 달기 얼마 안 남은 병장들은 크게 두 가지 부류로 나누어진다. 한 부류는 사회에 몸짱 열풍이 분다고 하여 식사하는 방법도 바꾸고(예를 들면 계란 노른자만 먹기, 근육 강화제 사 먹기 등) 몸을 키우는 부류와 다른 부류는 모든 걸 체념하고 게으름 모드로 들어가서 식사하는 방법도 바꾸고(예를 들어 밥 적게 먹고 냉동만 먹기, 자기 전에 봉지라면 먹기 등) 살을 찌우는 말년 병장들이다.

하지만, 이제 꼬리까지 모두 없어져 완전한 개구리가 되지 않는 이상은 모두가 그저 올챙이들일 뿐이다. 이제 갓 알이 된 훈련병들이나 알에서 깨어서 막 헤엄을 치는 이등병들이나 언젠가는 개구리가 되는 날이 있는 것이다. 그때까지 뒷다리와 앞다리가 나오고 꼬리가 없어지는 순간순간에 감동을 하며 생활하는 것이 그나마 군 생활의 재미가 아닐까?

최근 안타까운 사실이 많이 보도된다. 내가 군 생활을 하는 동안에도 많은 군인이 자살이라는 극단적인 행동으로 목숨을 끊는 사건이 많았다. 그 이유는 다양하겠지만 대부분의 이유가 군 복무에 대한 어려움 때문인 것으로 알려졌다. 근데 잘 알아두어야 할 사실은 국방부 시계를 거꾸로 매달아 놔도 시간은 간다는 말처럼 군 생활도 언젠가는 끝난다는 것이다.

옛말에 '개구리 올챙이 적 생각 못 한다.'는 말이 있다. 그 말이 사실이다. 개구리가 된 지금은 이등병 때의 일은 거의 기억나지 않는다. 나에게도 이등병 때는 하루하루가 고통의 연속이었지만 시간이 지나 일병이 되면 일병이 되었으니 열심히 해야겠다는 생각으로 살게 되고, 상병이 되고 벌써 1년 했다는 기쁨을 만끽하면 병장이 되고, 이젠 집에 갈 때가 다가오는구나 하고 생각하면 전역을 하게 된다. 이런 이치를 모르고 지금의 생활이 너무 힘들다는 이유로 자살이라는 방법을 선택하는 것은 많은 사람을 충격에 빠지게 하는 것이다.

군 생활을 하면서 모든 일을 잘하는 사람은 없다. 모두 혼나게 마련이고 모두 억압된 생활을 할 수밖에 없는 것이다. 만약 지금 너무 힘들다면 이런 생각을 해 보라. '내가 병장이 되었을 때는 어떤 모습일까? 내가 개구리가 되면 어떤 모습일까?' 라는 생각.

난 이등병 시절 너무 힘들면 이런 생각을 하였다. '오늘 하루만 참으면 이제 곧 일주일이 가겠구나.'

솔직히 하루하루는 정말 길게 느껴진다. 그렇지만 일주일로 자르면 시간이 빨리 가는 것처럼 느껴지고 한 달은 일주일보다 더 빨리 지나간 것처럼 느껴진다.

날짜를 잘 따져 보라. 2년을 주일로 따지면 104주가 되고 달로 따지면 24번의 달이 된다. 까짓것 교회나 절을 104번 나가면 군 생활이 끝나는 것이다.

시간을 즐기면 언젠가는 곧 올챙이도 개구리가 된다. 그럼 자신도 개구리가 되어서 아무리 올챙이 적을 생각하려고 해도 생각이 잘 나지 않을 것이다. 사람은 기억하기 싫은 기억은 쉽게 잊는 법이니까. 그래도 그런 기억이 가끔 꿈에 나타날 수는 있지만.

10. 똥포

　빈둥빈둥 집에 있다 심심해서 텔레비전을 틀었다. 오전이라 그런지 재미있는 프로그램이 없어 이리저리 채널을 돌리다 우연히 국군방송에 채널을 고정했다. 국군방송에서는 우리나라의 신무기라고 해서 국내 기술로 만든 자주포와 어뢰, 잠수함 등을 보여주는 것이었다.
　며칠 전까지만 해도 군인이란 신분이었기 때문에 그런 무기들을 보면서 감탄사가 절로 났다. 우리나라도 6·25때와는 달리 독자적인 기술력으로 이젠 최신무기도 만들어 국방력을 더 강화할 수 있다는 점이 참 자랑스럽다. 근데 다른 면으로 생각해 보면 내가 있던 부대의 무기들을 생각하고는 아직 우리나라는 선진국과 같은 무기보급은 멀었다는 생각이 들었다.

내가 있던 부대는 해안부대이기 때문에 우리는 K2라는 한국형 소총을 사용하였다. 신병교육대에서는 M16이란 총을 쓰는데 M16은 미국에서 최초로 만들었기 때문에 미국인 체형을 고려하여 만들었지만 K2는 그야말로 한국인 체형에 맞게 제조되었기 때문에 한국인이 쓰기에 가장 편한 소총이다.

그런데 소총만 현대화이면 뭐하나 나머지 장비들이 형편없는데….

우선 먼저 예를 들 게 박격포이다. 포반 분대장으로 전역했기 때문에 소총 다음으로 가장 많이 다루던 것이 박격포인데 놀라운 사실은 후방에서 쓰는 박격포는 세계 2차대전에서 쓰던 것과 똑같은 모델의 박격포를 아직도 사용 중이다. 들리는 말에 의하면 이런 포는 미군이 무기를 바꿀 때 버리기는 아까워서 한국에 준 거라는 말이 있는데 그럼 우리는 현재 미군이 쓰지도 않는 무기를 이용해서 훈련을 받는 것이다. 만든 날짜도 포에 적혀 있던 것이 1972였으니까 지금으로부터 30년이나 훨씬 전에 만들어진 것이다. 그래서인지 비가 와도 쉽게 녹이 슬고 포를 다룰 때도 약간 삐걱대는 소리가 들릴 정도로 상태가 심각하다. 거기다 조준해서 맞히는 것도 힘들어서 처음 포를 접하는 이등병들은 뭘 보고 목표를 맞혀야 할지 몰라 많이 망설이던 것이 생각난다.

우리는 이런 포를 보고 똥포라고 했다. 똥포라고 한 이유는 포를 닦을 때 포신 안을 긴 봉으로 닦다가 포신에서 빼면 '뽕' 하는 소리가 사람의 신체 일부분에서 나는 소리와 비슷하다는 이유가 있었다. 다른 이유는 이 포는 습기만 있어도 빨갛게 되어 수시로 닦아줘야 할 정도로 많이 나쁘다는 뜻도 있었다.

박격포보다 더 심각한 것도 있다. 바로 통신기기이다. 특히 우리나라는 세계가 놀랄 정도로 정보기술(IT) 산업이 발전하여 이젠 손바닥만한 휴대전화에 카메라와 MP3 기능까지 모두 갖춘 제품이 나오고 있고 심지어는 두께가 7.8mm인 휴대전화까지 있지만 군대에서 쓰는 통신기기는 무게가 10kg이나 나가는 많이 무거운 것을 사용한다. 건전지도 R20사이즈 건전지 10개가 들어가는데 대기시간은 보통 60시간이다. 월남전 영화를 보면 아군이 적을 찾아 수색하다가 적의 기습을 받아 상급부대에 지원을 요청할 때 보면 통신병이 등에 커다란 통신기기를 메고 수화기로 지원요청을 하는 것을 볼 수 있을 것이다. 바로 그런 통신기기가 아직도 IT 강국이라는 우리나라 안에서 쓰이고 있다. 만약 당장에라도 전쟁이 일어나면 통신병은 그 통신기기를 메고 전쟁에 나서야 한다.

이게 바로 우리 군의 실정이다. 물론 이 수많은 장비를 바꾸려면 막대한 예산이 소요되는 걸 잘 알지만 흔히 말해 전투기 한 대 줄이는 비용으로 많은 양의 장비를 교체할 수 있다고 생각한다. 우리는 세계에서 유일한 분단국이고 언제나 전쟁의 위험이 도사리고 있는 나라이다. 게다가 국토의 70% 이상이 산이기 때문에 육군의 역할이 그만큼 더 중요하다. 그런 나라의 군대가 아직도 2차 대전 때나 쓰고 이젠 미국이 쓰지도 않아 버리는 장비들을 아직도 배치 중인 상태이다. 이젠 우리나라도 고가의 장비만 도입할 게 아니라 아직도 쓰고 있는 노후한 장비들을 교체하는 게 현실적으로 더 실용적이지 않을까 하는 생각을 하면서 씁쓸하게 텔레비전 채널을 돌렸다.

11. 똥 국

　군대에서는 똥이라는 말을 자주 듣는다. 특히 경상도에 있다 보니 경상도 말에도 "아끼다가 똥 된다."는 말이 있다. 그처럼 똥이라는 것은 나쁘다는 뜻으로 많이 쓰인다.
　군대에서는 똥포 말고도 똥 국이라는 말이 있다. 이건 어느 군에서나 흔히 쓰는 말인데 똥 국이란 것은 된장을 푼 국에다 형체가 보이지 않는 건더기들을 넣어서 만든 것이다. 국을 뜨면 건더기는 보이지 않고 국물만 있다는 것에서 유래됐다는 설과 된장 색깔이 원래 그 색깔이기 때문에 그렇게 불리게 됐다는 이야기가 있다. 어찌 되었건 간에 똥 국이 나오는 날이면 식사하는 양이 많이 줄어든다.
　군대에 있을 때 무지하게 싫어하던 똥 국이 사회에 있으니까 그리울 때가 있다. 특히 입대 전의 방학생활처럼 하루에 2끼만 먹는 요즘에는 가끔 군대 밥이 그립다.

군대에는 맛은 좀 떨어지지만 밥 먹을 때가 되어 식판만 들고 가면 매일 바뀌는 식단대로 밥과 반찬을 먹을 수 있고 아침에는 우유, 저녁이 되면 후식으로 맛 스타(군용 음료로 맛은 '색색' 하고 비슷함)나 빵, 그밖에 계절 과일들이 나오고 가끔은 아이스크림 같은 특별한 먹을거리가 나올 때도 있다.(근데 겨울에 아이스크림 나오는 것은 좀….)

그런데 집에서는 부모님이 맞벌이를 하다 보니 아침에 어머니께서 해주고 가신 찌개로 아침 겸 점심을 때우고 저녁에는 먹던 걸 또 먹기는 애매해서 라면으로 끼니를 때운다. 라면을 먹을 때도 나름대로 영양을 보충한다고 계란도 넣어 먹고 반찬으로 칼슘의 왕이란 멸치를 빼지 않고 먹는다. 그러나 매일 비슷한 찌개와 라면만 먹다 보니 입맛은 입맛대로 떨어져서 다이어트를 안 해도 저절로 살이 빠진다.

가뜩이나 더운 여름 몸보신은 못할망정 있던 체력도 쭉쭉 빠지니 걱정이다. 이제 슬슬 복날이 다가오는데 작년 군대에 있을 때는 여름 복날에 삼계탕이 나온 것이 기억난다.

'나도 몸보신을 해야겠는데…. 어머니한테 이야기를 해 봐야지.'

저녁에 퇴근을 하고 집에 오신 어머니에게 나도 몸보신을 시켜달라고 조르자 돈을 주시며 나가서 삼계탕이라도 사먹으라고 하신다. 이러니 군대에서 먹던 짬밥이 그리울 수밖에.

지금이라도 군에서 만든 똥 국과 밥만 줘도 국물도 남기지 않고 먹을 것이다.

　군대에 있는 현역 병사들이여. 오늘 저녁도 똥 국이라고 투덜대지 마라. 사회에 나오면 끼니 때우는 것도 어려우니까. 특히 오늘은 무엇을 먹어야 할지가 가장 큰 고민이다.

12. 왕고

　우리 중대는 해안중대였기 때문에 소초가 한 군데 있었다. 그 소초는 3개월에 한 번씩 소대가 번갈아 가면서 들어가게 되는데 내가 속해 있던 화기소대는 그냥 주둔지에 남아 있고 1소대와 2소대가 번갈아 가면서 소초에서 생활을 하였다. 소초에 투입되는 1개 소대의 병력 규모는 보통 30명이 넘어가고 우리 화기소대도 다 합치면 20명이 넘는다. 게다가 우리 중대에는 상근(집에서 출퇴근하는 병사)들도 많았기 때문에 결국 다 합치면 100명이 넘는다. 나는 그런 100명이 넘는 곳에서 3개월 정도 왕고(최고 고참, 왕고 위에는 간부밖에 없다) 생활을 하였다.
　왕고가 되면 모든 게 참 좋다. 부대 안에서 작업을 할 때는 각각의 군인들에게 지시를 내리고 감독만 하면 되고 훈련을 할 때도 훈련에 필요한 준비물들은 다 밑의 후임들에게 시키고 그저 단독군장(탄띠와 방탄헬멧 복장에 개인소총을 가진 복장. 완전 군장은 여기에 군장까지 합쳐진 것)으로 훈련만 참여하면 되었다. 물론 나도 짬이 딸릴 때는 이런 것 하나하나 준비하는 게 여간 버거운 일이 아니었지만 그래도 군대가 좋은 점은 짬이 차면 힘든 일에서는 서서히 손을 놓는다는 것이다.

그렇지만 높은 곳에 있으면 반드시 책임이 따르는 법. 작업을 하거나 훈련을 받을 때 조금이라도 잘못되는 점이 있으면 간부는 언제나 왕고를 불러 일에 대한 책임을 묻는다. 따라서 왕고는 편하게 후임들을 감독하고 있는 것처럼 보이지만 뒤에서는 언제나 후임들의 행동 하나하나를 유심히 살피고 있다. 왕고도 분대장처럼 몸은 편하지만 마음은 언제나 조마조마하다.

사회인이 된 지금은 가끔 왕고일 때가 그립다. 나에겐 형이 한 명 있는데 연년생이라 언제나 친구처럼 말을 놓고 지낸다. 근데 형은 군대를 제대한 지 6개월도 지나지 않아 집에서는 나보다 고참행세를 하면서 이것저것 시킨다. 며칠 전까지만 해도 100명이 넘는 중대 후임들에게 왕고 대접을 받고 있었는데 집에서는 부대 전 인원을 합쳐야 겨우 100명이 되는 곳에서 전역한 형한테 심부름꾼노릇이나 하는 신세로 전락하고 말았다.

옛 명성이 그리워서일까…. 요즘은 군대에 있는 후임들에게 전화를 걸면 군대에 있을 때가 가장 편할 때라면서 은근히 직업군인을 하라고 유도하고 있다. 그래도 그놈들은 밖에서 똥을 풀지언정 절대 군대에서 말뚝은 안 박는다고 한다. 그 녀석들도 나와 봐야 정신을 차리지.

　100명의 후임을 거느리고 있던 왕고 시절. 그때가 지금까지 인생을 얼마 살지는 않았지만 내 인생의 황금 시기였던 것 같다. 그런 시기가 앞으로의 삶에도 과연 올까?

13. 경상도 사나이

　내가 있던 곳이 부산이다 보니 경상도 사람이 우리 부대에 많이 있었다. 우리 중대만 해도 대전을 포함한 충남이 집이었던 사람이 3명이었고 전라도에서 온 사람이 5명 정도. 경기도에서 온 사람이 15명, 그 나머지 80명 정도의 사람이 경상도 출신이다.
　대전에서 태어나고 쭉 대전에서만 산 나에게는 이 경상도 사나이들의 특성을 몰라서 처음에는 애를 많이 먹었다. 경상도 사나이들은 잘 알다시피 성질이 급하고 화도 잘 내고 무뚝뚝하기로 소문이 나 있다. 처음 이등병 때 자대배치를 받고 부산에 있는 자대로 막 들어섰을 때부터 들렸던 수많은 욕. 그때부터 이젠 군 생활을 어떻게 해야 하나 하는 걱정이 앞섰다.
　이등병 때부터 군 생활이 참 꼬였다. 경상도 사람들은 대부분 사투리를 많이 쓰기 때문에 표준어에만 익숙해 있던 나에게는 사투리가 외계어같이 들렸다. 말귀를 못 알아들어서 행동도 고참들의 뜻과는 다르게 행동하니 처음에는 내가 일도 못하고 어리바리한 놈이라는 생각이 들었단다.

'자기들은 익숙하니 상관없지. 타지에 있던 사람들이 어떻게 사투리를 알아듣나.'

경상도 사투리에 대한 유명한 군대 이야기도 있다.

경상도 출신의 소대장이 병사들을 이끌고 월남전에 참가한 적이 있다. 한참 소대를 이끌고 수색을 하던 소대장은 적을 발견하고는 병사들에게 "수구 리"라는 말을 하였단다. 말의 뜻을 몰라 멍하니 있던 병사들은 베트콩들이 쏜 총에 맞아 많은 희생자가 나왔다고 한다. 여기서 '수구 리'는 엎드리라는 뜻이었다.

소대를 재정비한 소대장은 다시 병사들을 이끌고 수색을 하는데 또 자기들 앞에서 베트콩이 있는 것을 발견하고는 병사들에게 "아까 맨시롱"이란 말을 하였는데 병사들은 또 이 말의 뜻을 몰라 멍하니 있다 베트콩이 쏜 총에 맞아 또다시 많은 사상자가 났다고 한다. 여기서 '아까 맨시롱'은 아까처럼 똑같이, 즉 아까처럼 똑같이 엎드리라는 뜻이다. 결국, 말뜻을 이해하지 못한 많은 병사는 희생을 당할 수밖에 없었다는 이야기다.

이 이야기처럼 경상도 사투리는 알아듣기 어려운 말이다. 그런 걸 갖고 처음에 나에게 못 알아듣는다고 많이 구박하였으니. 근데 신기한 것은 지금은 경상도 사투리를 들어도 모두 알아들을 수 있는 것이다. 역시 사람은 환경에 대한 적응이 빨라서인지 거의 2년 동안 사투리에 적응되어 이젠 말귀를 이해하는 게 어렵지가 않다.

또 다른 경상도 사나이들의 특징은 불같은 성격이다. 이등병일 때 잘 모르기 때문에 어떤 일이든 서툴게 마련이다. 나도 고참일 때 이등병이 잘못하면 격려해 주면서 힘을 북돋워 줬는데 내가 이등병일 때 잘못을 하면 바로 욕이 들려왔다. 군대엔 욕설이 난무한다는 이야기를 듣고 입대를 해서 어느 정도는 생각하고 있던 일이지만 용서해줄 수 있는 일들을 가지고 막 욕을 해대니 그땐 이곳에 있는 나 자신이 서럽고 그 고참이 많이 증오스러웠다. 그러나 알고 보면 그렇게 바로 욕을 해대는 것에는 다 이유가 있었다.

잘못을 한 그 자리에서 고참이 욕을 하고 바로 지적을 해야만 나중에 다른 고참들이 그 일에 대해서 나에게 뭐라고 하지 않는다는 것이었다. 그렇기 때문에 한 고참이 후임이 자신을 싫어할 걸 알면서도 그런 악역을 자처하는 것이다. 그 이야기를 들으면서 경상도 사나이들은 겉으로는 강한 척, 용감한 척을 많이 하지만 속으로는 남을 많이 생각해 주는 배려심과 마음이 있다는 것을 느꼈다.

경상도 사나이들에게 단점만이 있는 게 아니다. 오히려 장점들이 참 많다. 우선 경상도 사나이들은 추진력이 아주 좋다. 충청도 사람들은 모든 일에 여유 있게 하는데 반해 경상도 사나이들은 한 번 일이 주어지면 그 일을 끝내기 위해 쉬는 시간도 반납하고 그 일에 매진해서 목표시간보다 훨씬 더 빨리 일을 끝마칠 때가 많다. 신기한 점은 일을 예정보다 훨씬 더 빨리 끝냈는데도 일의 질이 떨어지지가 않다는 것이다.

　두 번째로 좋은 게 그들의 열정이다. 군대에서는 축구를 할 일이 많은데 경상도 사람이 많이 있는 팀은 축구도 죽기 살기로 한다. 너무 열심히 해서 다칠 때가 많아서 쉬엄쉬엄 하라고 말할 때면 자신들은 축구에서 지는 게 다치는 것보다 더 싫다고 한다. 그렇기 때문에 축구경기는 대부분 경상도 사람이 많이 있는 팀이 이긴다.

　마지막으로 좋은 장점이 바로 활발하다는 것이다. 충청도는 으레 자신의 마음을 잘 드러내지 않은 데 비해 경상도 사람들은 상대방이 거부할 정도로 자신의 속마음까지 모두 드러낸다. 그게 어찌 보면 사람이 가벼워 보일 수도 있는데 언제나 24시간 붙어사는 군대에서는 그게 허물없이 지낼 수 있는 좋은 점이다. 경상도 사람들과 외박을 나가 밖에서 놀 때도 그들은 낯선 사람들을 금방 친구로 만들 수 있는 활발함을 보여줘 지루했던 적이 없었다. 부대에 있을 때도 언제나 경상도 사람들은 이벤트를 만들어줘 나를 즐겁게 해준 적이 많았다. 이런 걸 배워서일까…. 처음 군대에 입대하였을 때는 내성적이기까지 했던 내 성격이 이젠 활달하게 변하게 되었다.

　부산에서 있던 시간. 처음에는 경상도 사나이들을 이해하지 못해서 힘들었던 시간이 많았지만 지금은 그런 경상도 사나이들을 많이 안다는 게 나에게 아주 큰 재산이다.

14. 욕

　육군의 병영생활 행동강령이란 것을 보면 '병 상호 간에는 구타 및 욕설, 가혹행위를 할 수 없다.'
　는 조항이 있다. 그 말처럼 군대에서는 폭력과 욕은 결코 용납이 안 된다. 그렇지만 이들 중 폭력은 거의 사라진 것 같은데 욕은 도저히 사라지지가 않는다.
　내가 짬이 딸릴 때는 욕을 많이 얻어먹었고 짬이 차서는 욕을 많이 하게 되었다. 내가 주로 많이 쓰던 욕은 "이 XX야."이다. 처음에 들어가는 X는 사람들에게 가장 친근한 애완동물이고 뒤에 있는 X는 여자를 낮춰서 부르는 욕이다. 이 욕은 욕을 먹는 후임이 동물과 여자(군대는 모두 남자니까)라는 이중적인 의미를 동시에 가하기 때문에 충격이 두 배가 된다. 그러나 이런 욕도 최근에는 욕을 하다

적발되면 휴가나 외박이 잘리는 불이익을 당하기 때문에 '개나리야' '신발끈야' '십 센티미터 자야' '십 원짜리야' 처럼 변종이 되어 불리기도 한다. 이건 간부들도 흔히 애용하는 욕들이다.

근데 군대에서 욕을 왜 이렇게 많이 쓸까? 나는 20년 동안 살면서 들은 욕보다 군대에서 한 달 있으면서 들은 욕이 더 많다.

욕을 하는 이유는 몇 가지 있는데, 자신이 화가 나서 욕을 하는 것보다는 후임들에게 긴장하고 똑바로 하라는 의미에서 쓰는 경우가 많다. 누가 욕을 먹고 좋아할 사람이 있으랴. 고참들도 욕을 쓰기 싫은 경우가 많다. 그래도 밑의 후임이 고참들의 말을 듣지 않고 자기들 마음대로 하려는 경향을 보이면 욕을 쓰면서 주의를 주는 것이다. 그럼 욕을 먹은 후임은 자신이 한 행동에 대한 반성은 하지 않고 욕을 먹었다는 이유로 그 고참을 싫어하게 된다.

사람은 솔직히 남에게 복종을 당하는 것을 싫어한다. 직장 같은 경우도 돈과 직책이라는 것에 얽매여 있어 직장상사에게 복종하는 것처럼 군대에서도 계급에 맞게 윗사람에게 복종을 해야 한다. 그렇지만 요즘 군인이 어떤 사람인가? 집에서 자식들이 한두 명밖에 되지 않아서 부모의 간섭도 받지 않고 오직 자기 하고 싶은 것만 하면서 살다가 군대에 들어온 사람들이다. 그런 후임들에게 뭣 좀 하라고 명령을 하면 그중 몇 명은 고참에게 반항하는 후임들도 있다. 군대에서 폭력사건이 일어나면 바로 구속을 할 정도로 폭력에 대한 제재가 엄하기 때문에 폭력을 대신하여 욕설이 더 늘어나는 것이다.

욕설은 듣는 사람이나 하는 사람 모두에게 좋지 않기 때문에 반드시 없어져야 하지만 군대를 군대로 생각하지 않고, 고참을 고참으로 생각하지 않는 일부 후임이 있는 한 욕설은 사라지지 않고 계속 남아있을 듯하다.

15. 비생산적 활동

　군대에 있으면 이런 일을 과연 왜 하나 의문이 가는 일들이 있다. 이런 걸 비생산적 활동이라고 한다. 여기서는 비생산적인 활동 몇 개를 소개하려 한다.
　군대에서 여름에 가장 많이 하는 작업이 잡초제거 작업이다. 간부들이 시킬 때에는 부대의 미관상 보기 좋다고 하지만 부대의 미관이 그렇게 중요한지. 오히려 높은 사람들이 뽑으라고 해서 어쩔 수 없이 시키는 거라고 하면 높은 사람들 욕이라도 하면서 일을 할 텐데 너무 훤히 보이는 핑계를 댄다. 한여름 뙤약볕이 내리쬐는 실외는 그야말로 서 있는 것 자체도 고역인데 그런 곳에서 부지런히 풀을 뽑아야 한다. 정말 10분 만 풀을 뽑아도 온몸이 땀으로 범벅이 될 정도로 많이 힘들고 짜증이 난다. 그래도 시키는 일이니까 열심히 잡초를 뽑는다.

근데 도저히 상식적으로 생각할 수 없는 잡초 제거를 해야 하는 일이 생겼다. 때는 전역하기 얼마 남지 않은 장마철이었다. 부산도 계속해서 비가 내려 야외활동은 거의 못하고 있었다. 그저 막사 청소를 하면서 일과를 보내고 있을 때 간부님이 우의와 장갑을 챙겨서 밖으로 나오라는 것이었다. 그저 뭔가 짐 옮길 게 있는 것이겠구나! 생각하고는 밖으로 나갔는데 간부님이 시키는 작업이 바로 잡초를 뽑는 일이었다.

'엥, 웬 장마철에 제초작업이람.'

그저 하는 일이 꺼림칙하지만 어쩌겠나, 상관의 명령에는 절대복종해야 하는 것을. 비를 맞으면서 잡초를 뽑을 때 문득 이 생각이 났다. '비가 다 그치고 해가 쨍쨍 내리쬐면 이런 풀들도 금방 자랄 텐데….'

여름에는 하루가 다르게 풀이 자란다. 장마철이 끝나고 맑은 날들이 계속되면 수분도 있는 데다 광합성에 딱 좋은 햇살도 내리쬐니 풀들은 무성하게 자란다. 따라서 만약 잡초를 제거하려면 장마철이 다 끝나고 조금 지나서 하는 게 더 효율적인데 장대비를 쫄딱 맞아 전투복에 전투화까지 모두 젖은 상태로 계속 풀을 뽑는다는 건 도저히 이해가 되지 않다. 결국 4시간 정도 걸려 잡초를 다 뽑고는 막사로 들어왔을 때는 잡초를 뽑을 때 묻은 흙들로 열심히 청소해 놓은 막사가 엉망이 되었다. 젖은 전투복과 전투화를 말리려고 해도 습기가 많은 날이라 잘 마르지도 않다. 더군다나 비를 맞으며 일을 해서인지 감기에 걸린 후임들도 몇 명 생겼다.

　장마가 끝나고 맑은 날이 계속되자 내가 우려한 대로 잡초를 뽑은 자리에는 그전보다 더 무성한 잡초들이 다시 자라서 또다시 뽑을 수밖에 없었다.

　여름에 잡초가 고생을 시킨다면 겨울에는 눈이 가장 큰 골칫거리다. 그런데 눈을 치울 때도 비생산적으로 하는 부분이 있다. 바로 연병장에 있는 눈까지 모두 치우라고 하는 것이다. 겨울에는 날씨가 춥기 때문에 밖에서 체육활동을 하면 다치기가 쉽다. 그렇기 때문에 야외활동을 모두 통제하기 때문에 연병장을 쓸 일도 거의 없다. 부산처럼 눈이 거의 오지 않고 와도 조금만 내리는 곳은 하루만 있어도 연병장에 있는 눈이 거의 다 녹는다. 하지만 간부들은 병사나 차량이 많이 지나다니는 길의 눈을 쓸어내고 마지막으로는 연병장에 있는 눈까지 쓸어버리라고 한다. 적은 인원으로 모든 길의 눈을 쓸어서 버렸는데 이번에는 연병장에 있는 눈까지 쓸어버리라면 병사들도 짜증이 난다. 그냥 놔둬도 녹아 없어질 것을 애써 치우라는 것은 아무래도 노동력 낭비이다.

　마지막으로 정말 군 생활을 하면서 비생산적이라고 생각했던 일이 있었다. 작년 가을쯤인가로 생각된다. 오전부터 내리던 비가 오후까지 계속 되더니 오후 3시 정도에 비가 그쳤다. 그런데 갑자기 간부님들이 병사들을 집합시켜서 하는 말이 5시에 축구를 한다고 연병장에 있는 물을 모두 빼라는 것이었다. 거의 하루 종일 내린 비 때문에 연병장은 그야말로 물바다였는데도 축구를 한다니 어쩌겠나.

중대 병력이 모두 달라붙어 2시간 동안 열심히 연병장에 있는 물을 빼내고 질퍽한 곳은 물이 스며들지 않은 흙을 멀리서 구해 메워 놓았다. 그렇게 2시간 동안 전투복이나 전투화가 엉망진창이 될 때까지 열심히 물을 퍼내고 이제는 축구를 할 수 있겠구나! 생각했다. 그런데 간부들 단합대회를 한다며 병사들이 모두 치워둔 연병장에서 간부들만 축구를 했다. 그때 밀려오는 황당함이란 이루 말할 수 없었다. 하루만 지나도 날씨가 맑아져 연병장 상태도 괜찮아질 것이다. 그런데 굳이 비 온 후에 축구를 한다고 병사들만 죽어라 물을 퍼내는 고생을 한 것이다. 간부들이 여유롭게 축구하는 모습을 바라보는 심정이란…. 그때 문득 이런 생각이 들었다. '간부님들은 과연 우리 병사 생각을 할까?'

이런 일 외에도 군대라는 특성상 이해가 되지 않는 작업을 많이 한다. 오직 간부님들의 명령이라는 이름으로. 이젠 군대도 생각하는 군대가 되어 비생산적인 활동은 안 할 수 있기를 소망해 본다.

16. 간부 중심

육군 복무신조에 보면 '우리는 법규를 준수하고 상관의 명령에 절대복종한다.'는 구절이 있다. 군대이니까 위계질서가 엄격하기 때문에 상관의 명령엔 복종해야 한다. 그렇지만 병사들 사이에서는 이런 말도 거론된다. "우리의 주적은 간부이다."

원래 우리의 주적은 따로 있지만 군대에서 얼마나 간부와 병사들의 사이가 안 좋은지 알 수 있는 말이다. 물론 병사들을 정말 많이 생각해 주는 간부님들도 많다. 그렇지만 내가 있던 곳에는 왜 그렇게 주적이 많던지.

내가 군 생활을 하면서 만난 가장 큰 주적은 바로 우리 소대장님이었다. 어느 정도로 악랄했느냐하면 내가 막 자대에 들어왔고 소대장님도 부임한 지 며칠이 지나지 않아 병장 한 명이 자신의 말을 듣지 않는다고 자정까지 소대원 전체에게 얼차려를 준 사건이 있었다. 나중에 소대장님과 마찰을 일으킨 병장의 이야기를 들어보니 부당한 지시인 거 같아 이야기를 했더니 자기 말을 듣지 않는다고 얼차려를 줬다는 것이다. 결혼한 신혼부부가 서로 주도권을 쥐기 위해 기 싸움을 하는 것처럼 소대장님도 새로 부임해 소대원들과 친하게 지내려고 하는 게 아니라 우선은 주도권을 쥐기 위한 기 싸움을 아주 중요하게 생각하신 거 같았다.

소대장님은 우리가 얼차려를 받을 때 이런 말씀을 하셨다. "군대는 공동체가 생활하는 데니까 한 명이라도 자신만을 생각해서는 안 된다." 그때는 그 말이 모두 옳았기 때문에 소대장님을 존경하는 마음마저 생겼다. 그러나 그런 존경하는 마음이 얼마 지나지 않아 실망하는 마음으로 변했다. 모두가 공동체이기 때문에 이기주의는 절대 용서 못 한다는 소대장님이 주말만 되면 밖에 나가시는 것이었다. 간부들의 특권이니 나가는 것은 상관이 없지만 나갔다 와서는 나가서 했던 일들을 다음날 자랑삼아 이야기해 주셨다. 병사들이 나갈 기회야 고작 휴가나 외박인데 부하들에게 자랑인 양 떠들고 다니는 소대장님이 정말 우리를 생각해서 그런 말들을 하고 다니나 하는 생각이 많이 들었다.

또 하나 병사들의 원망을 많이 듣게 된 사건이 있다. 우리 소대가 5분 대기조를 차고 있을 때는 당연히 소대장님도 5분 대기조 조장을 맡으셔서 우리와 함께 상황이 터지면 행동을 한다. 어느 주말, 우리는 모처럼의 휴식으로 내무실에서 편하게 쉬고 있었는데 갑자기 5분 대기조 호출이 발생하였다.

　5분 대기조는 앞에도 말했듯이 5분 안에 모든 것을 챙겨 위병소까지 나가야 하기 때문에 5분 대기조 호출은 그야말로 1분, 1초를 다투는 전쟁이다. 열심히 준비해서 출동차량까지 갔는데 소대장님이 나오더니 휴식 군기가 빠진 거 같아 일부러 친 거라고 하셨다.

　5분 대기조 조장들이 5분 대기조 자체적으로 치는 경우가 있어서 그럴 수도 있겠다는 생각을 하고 또다시 내무실로 가서 쉬고 있는데 다시 5분 대기조 호출이 발생하였다. 결국 하루 동안 5분 대기조가 출동한 것이 5번이나 되었다. 그런데 그렇게 5분 대기조 호출을 친 이유가 나중에 알고 보니 축구를 하자고 하였는데 병사들이 힘들다며 안 하려고 해서 5분 대기조 호출을 친 거란다.

　5분 대기조를 차고 있으면 언제나 긴장의 연속이다. 그런데 그런 5분 대기조의 특성을 이용해서 5분 대기조 호출을 남발하는 소대장님이 얄미웠다. 과연 우리를 부하로 생각하지 않고 자기가 심심하면 가지고 노는 하인이나 노예인 것처럼 생각한다는 느낌도 많이 들었다.

　우스운 사실은 나도 일병 시절 간부가 되려고 생각했다. 내가 다니던 학교가 보건대학이다 보니 의무 쪽에 지원을 할 수 있어서 의무 부사관에 지원을 하였다. 만약 간부가 되면 병사들을 가지고 노는 사람이 아닌 정말 친구처럼 편안하게 대할 수 있는 간부가 돼야겠다는 생각을 하면서 지원을 하였지만 지금 생각하면 정말 부사관이 안 된 게 다행이다 싶다. 우리 소대장님보다 더 악랄한 간부가 어딘가에 또 있을지 모르니까.

17. 데이트

이제 어느 정도 백수의 삶도 정리하고 집에만 있기 싫어 슬슬 사람들에게 연락을 해봤다.

그러나 입대 전에 있던 번호로 전화를 해도 전화를 받지 않는 것이었다. 알고 보니 전화번호 앞자리가 010으로 바뀌기 때문에 사람들이 번호를 거의 다 바꾼 것이다. 그나마 연락되는 사람들에게 물어 물어서 바뀐 번호들을 알아내고 있지만 아직도 연락이 되지 않는 사람들이 많다.

연락을 해본 사람 중에 나하고 동기인 여자 친구도 있다. 대학에 처음 들어갔을 때부터 같은 동아리여서 친한 사이인 데다 군대에 입대하기 전날 마지막으로 보았고 군대로 편지 보내준 몇 안 되는 여자 친구들 중 한 명이다. 무엇보다 중요한 것은 내가 그 애한테 관심이 있어서 부대에서도 자주 통화를 하여 전화번호를 외우고 있을 정도였다는 점이다.

그 친구와 토요일에 데이트를 하기로 하였다. 데이트는 나만의 생각이고 그저 만나서 밥이나 먹고 영화나 보고 이야기나 하는 수준이다. 나중에 어떻게(슬슬 작업에 들어가야겠지만) 바뀔지는 모르겠지만 아직은 친구이니까….

그녀는 지금 학교를 졸업하고는 자기가 원하던 유치원 교사가 되어 있었다.

드디어 데이트 당일. 집에만 처박혀 있어서 지저분하게 기른 수염도 말끔히 면도하고 제일 멋지다고 생각되는 옷도 고르고 전역하기 전날 머리 길다고 간부에게 걸려 왕창 깎인 짧은 머리도 헤어 젤로 나름대로 멋을 내고 몸에서 좋은 향기가 나라고 향수까지 뿌리고는 외출을 하였다. 들뜬 기분으로 약속장소인 영화관 앞에서 그녀를 기다리고 있었다.

약속시간이 조금 지났을까…. 멀리서 원피스를 입고 걸어오는 그녀를 보았을 때는 심장이 멎는 줄 알았다. 아무리 어려운 훈련도 잘 이겨낸 개구리이지만 그녀가 걸어오는데 왜 그리 떨리던지.

그녀가 내 앞에 다가와서 처음에 이런 말을 하였다.

"이제 진짜 남자가 되었네. 고생 많이 했어."

100명의 후임이 앞에 있어도 떳떳하게 내 할 말 다 하고 산 개구리도 여자 앞에만 서면 왜 이리 말이 안 나오는지.

"그럼, 이젠 완전히 자유지. 너도 많이 예뻐졌네."

끝에 예뻐졌다는 말에서 왜 말꼬리가 흐려졌는지. 지금은 많이 후회가 된다.

정말이지 많이 예뻐졌다. 학교에 다닐 때 얼굴은 예뻤지만 그저 편안한 청바지와 티셔츠를 입고 한때는 파마를 해서 폭탄 머리라고 놀리면서 장난칠 때도 있었는데 지금은 긴 생머리에 치마까지 입었으니 볼수록 심장이 두근거리기만 한다.

"그럼 뭐부터 하지?"

이럴 때는 남자가 리드해야 된다는 생각에

"그럼 영화부터 보자." 라는 말을 하였다.

"그래. 나도 꼭 보고 싶은 영화가 있었는데…. XX라는 영화인데 혹시 벌써 봤어?"

영화를 볼일이 있나. 집에서 빈둥거리기만 했는데….

"나도 그 영화 너랑 보고 싶어서 아직 안 봤어."라는 약간의 어설픈 핑계를 댔다. 그래도 너랑 보고 싶었다는 말은 아직도 잘했다는 생각이 든다.

"그럼 그 영화같이 보자."

영화관은 영화만 보기 때문에 영화가 상영되는 동안 옆에 있는 사람하고 제대로 말도 못하고 수동적인 자세로만 있어야 한다. 그러나 영화가 끝나고 나와서 이야기를 할 때에는 영화에 대한 이야기를 화제로 이끌 수 있기 때문에 예전에 오랜만에 만나 서먹하기만 한 사람하고 있을 때는 꼭 영화를 보고선 대화를 해서 말이 술술 나왔다.

"그래. 그 영화 예매하러 올라가자."

내가 너무 과민한 건지. 그녀와 올라갈 때도 옆에 꼭 붙어있지는 못하고 약간의 거리를 두고 영화관으로 올라갔다. 너무 가까이 있으면 그녀가 어색해할까 봐.

영화 상영시간을 보고는 눈앞이 깜깜해졌다. 앞으로 세 시간 후에야 잔여석이 있지 그전까지는 모두 매진이었다.

"다른 영화 볼까?"

너무 오래 기다려야 할 것 같아 다른 영화를 볼까 물어봤다.

"아니, 난 이 영화 보고 싶은데…. 너도 보고 싶어 했잖아. 우리 먼저 밥부터 먹고 영화 보자."

"그래."

점점 더 큰일이다. 영화 보고 밥을 먹는 게 내 계획이었는데 밥 먼저 먹고 영화를 봐야 한다니. 사태가 점점 꼬인다.

할 수 없이 세 시간 후 영화를 예매하고는 근처에 있는 음식점에 갔다. 원래는 조금 멀리 있어도 근사한 곳에서 밥을 먹고 싶었는데 그녀가 같이 학교 다닐 때도 싸고 양 많이 주는 곳에서도 잘 먹었는데 뭣 하러 멀리까지 가냐며 가까운 곳에서 먹자고 말했다. 아직도 털털한 면이 있어서 기쁘기도 하지만 오늘따라 내 생각대로 되는 게 없는 것 같아 걱정이다.

근처 고깃집에 가서 삼겹살을 시켰다. 군대에서는 고기 많이 못 먹으니까 많이 먹으라며 처음부터 3인분을 시켜 주었다. 근데 지금 와서 후회되는 건 그놈의 삼겹살이란 음식이 여자와 같이 있을 때는 먹을 게 못 된다는 생각이 든다.

　처음 고기를 올리고는 잠시 동안 이야기를 할 수 있었지만 고기가 익기 시작하면 뒤집고, 자르고, 먹고, 또 올리느라 정신이 없었다. 게다가 잠시라도 이야기를 하려면 고기 익는 소리 때문에 대화도 잘 들리지 않는다. 고기 3인분을 먹는 동안 그녀는 다이어트를 한다고 몇 조각만 먹고는 나만 거의 3인분을 혼자 다 먹고 그녀가 시켜준 냉면까지 먹었다. 예전에 그냥 학교 앞에서 밥을 먹었을 때에는 서로 많이 먹으려고 아웅다웅했는데 지금은 변해도 많이 변했단 생각이 들었다. 한 가지 야속한 점은 고기를 먹어서 기껏 집에서 뿌리고 온 향수냄새가 사라지고 고기냄새가 뱄다. 고기 냄새 빠지려면 한참 걸릴 텐데 하는 걱정이 생겼다.

　밥을 다 먹고도 아직 1시간 반 정도의 시간이 있어서 근처에 있는 커피숍에 가서 이야기를 하기로 하였다. 나는 고기 냄새 때문에 조금 걱정이었지만 그녀는 뭐 어떠냐며 나를 끌고 갔다.

　커피숍에서 정적만이 흐르고 있는데 그녀가 먼저 입을 열었다.

　"군 생활 하느라 힘들었겠네. 뭐 힘든 점은 없었어?"

　"나야 뭐 훈련도 힘들었지만 무엇보다 사람 다루는 게 가장 힘들었지."

　이등병 때나 일병 때는 경상도 고참들 때문에 갈굼을 당하느라 많이 힘들었고 고참이 되어서는 말 안 듣는 후임들 데리고 분대장 생활 오래 하느라 힘들었다. 그래서 나는 언제나 군 생활에서 가장 힘든 것은 사람들 다루는 것이라 생각한다.

"넌 이제 유치원교사인데 아이들은 말 잘 들어?"

이번엔 내가 먼저 물어봤다.

"요즘 아이들 말 잘 안 듣지. 그래도 아이들이 예쁜 짓 할 때는 교사를 잘 했다는 생각도 들어."

1시간 반 동안 마주보고 앉아 있었는데 무슨 말이 오갔는지는 기억이 잘 나지 않는다. 기억나는 건 그렇게 대화가 길게 이어지지 않았다는 점. 그리고 이제 그녀와 나 사이에 뭔가 큰 벽이 있다는 점.

'직장인과 학생의 차이점 때문인가?'

예전에는 학교를 같이 다녔기 때문에 공통된 관심사가 학교 시험이나 동아리 운영에 대한 것이었는데 이젠 그녀의 관심사는 유치원 아이들을 어떻게 가르치느냐는 것이고 나의 관심사는 어떻게 학교에 복학하느냐는 것이다. 또 다른 것은 그녀는 동아리나 우리가 아는 주변사람들의 동향이나 사회가 돌아가던 2년을 모두 알고 있지만 나는 군대에 2년 동안 갇혀 있으면서 주변 사람들 중에 연락이 끊긴 사람들이 많고 동아리가 어떻게 변했는지도 알지 못하고 사회가 2년 동안 무엇이 바뀌었는지도 알지 못한다. 결국 이런 점에서 벽이 생겨 서로 관심이 변한 것이다.

시간이 다 되어 영화관으로 가서 예매했던 영화를 보았지만 영화는 머리에 들어오지 않고 이런 생각만 들었다.

'남들과 나하고는 2년이란 큰 장벽이 있구나. 2년이란 시간이 별로 길지 않게 느꼈는데 너무 오랜 시간이었구나. 나는 2년 동안 제자리에 있었던 것이고 내 주변 사람들은 2년 동안 너무 멀리 갔

구나.'

　이제 그녀와 나 사이에도 직장인과 학생이라는 이질감이 생긴 것이다. 예전에는 그저 동아리 활동 열심히 하고 도서관에서 같이 공부했는데 이젠 그런 일을 같이 할 수 없다.

　영화가 다 끝나고 더 같이 있고 싶었지만 그녀는 내일도 유치원에 가서 아이들을 가르칠 걸 더 준비해야 한다고 다음에 만나자고 하였다. 집까지 배웅해 준다는 내 제의에 그녀는 혼자 갈 수 있다며 거절을 하고는 손을 흔들며 내 눈에서 조금씩 멀어져 가더니 이내 사라져 버렸다.

　이제 그녀도 사회생활을 하느라 바쁘고 나도 복학해서 학과 수업을 따라가느라 바빠질 것이다. 그럼 앞으로 전화하는 거 말고는 볼 시간도 별로 없을 것 같다. 그래도 같은 대전에 있으니까 서로 시간을 내면 또다시 만날 시간이 있을 것이라고 나 자신을 달래고 집으로 돌아왔다. 집에 와서도 영화 보면서 생각했던 것들이 떠올라 한동안 또다시 생각에 빠져들었다. 그래도 뭐 어쩔 수 없는 것 아닌가. 여자는 군대에 안 가기 때문에 2년이란 시간 동안 계속 학교에 다녀서 졸업을 하고 남자는 군대에 가서 2년 내지 3년을 늦게 졸업을 하니 그만큼 사회인이 늦게 되는 것이고. 쉽게 생각하면 그렇지만 예전에 친한 친구가 이젠 이질감이 느껴진다는 것이 서글프다.

　그나마 다행인 건 그녀의 왼손 약지에 반지가 없었다는 점이다. 만약 남자친구가 있으면 반지를 끼었을 텐데 없다니 다행이다. 그래도 혹시 있는데도 안 끼고 나왔을 수도 있지만 그럼 뭐 어쩔 수 없고. 그녀에게 군대 가기 전 내 마음을 표현하지 못한 게 잘못이니까…. 만약 남자친구가 없으면 약간 시간을 두며 그녀에게 다가갈 거다. 내가 조금 더 당당한 모습이 될 때까지. 그리고 우리 사이에 이질감이 없어질 때까지.

18. 수양 록

　수양 록이라는 것은 군대에서 쓰는 일기장이다. 이건 신병교육대에 입교할 때부터 받아서 군 생활이 끝나면 가지고 나와도 되는데 안타까운 건 대부분의 군인이 수양 록을 쓰지 않는다. 군 생활에 대해 쓰면 뭐 하느냐는 게 그 이유다. 그러나 대부분의 군인이 생각하지 못하는 게 있다. 군 생활의 순간순간은 힘이 들지만 전역하고 나면 그 기억들도 하나의 추억으로 남는다는 점. 하지만, 추억을 기억하려고 해도 쉽게 기억이 나지 않다. 나만 해도 전역한 지 얼마 지나지도 않다는데 이젠 군대에 있던 기억이 가물가물하다. 그때마다 보는 게 바로 수양 록이다. 이 수양 록에는 처음 신병교육대 들어갔을 때부터 말년 병장 때까지 나의 추억이 모두 담겨 있다.
　그럼 수양 록에 쓰여 있는 글들을 계급별로 옮겨 보겠다.

200X년 7월 X일
얼음물

[훈련소 와서 가장 큰 소원이 얼음물이었다. 사회에서는 쉽게 먹을 수 있는 얼음물이 이곳에선 보물 같은 존재이다. 며칠 전부터 얼음물이 마시고 싶었는데 하나님은 역시 나를 버리시지 않다나 보다. 어제 교회에서 롯 찬양팀이 와서 완전 꽝꽝 언 얼음물로 기쁘게 하더니 오늘 점심때는 꽝꽝 언 맛 스타랑 완전 녹은 아이스크림이 나왔다. 아이스크림은 얼른 먹고 맛 스타는 녹여서 샤베트처럼 먹으면 얼음이 입에서 살살 녹는 짜릿한 맛이었다. 맛 스타를 다 먹고 뜨거운 1시 태양 앞에 나와도 몸은 시원한 게 이런 것이 행복이구나 하고 느꼈다.

훈련소 생활도 어느덧 18일이 넘었다. 17일이 더 지나면 퇴소인데 그때까지 훈련소 수돗물 먹어서 이질 걸리지 말고 잘 버티자.

근데 어제 준 얼음물 막 마시다 설사했다. 에구 내 팔자야.]

이 일기가 훈련소 들어간 지 18일째 되는 날 쓴 것이다. 수양 록이 원래 1페이지에 2일을 적어야 해서 일기를 길게 쓰지 못하고 간략하게만 쓰다 보니 내용이 간단하다.

이때는 무더운 7월이었지만 그 당시 수돗물 먹으면 이질에 걸린다는 이야기 때문에 물도 마음대로 먹지 못하던 형편이었다. 그래서 그때의 가장 큰 소원이 바로 얼음물을 먹어 보는 게 소원이었는데 마침 일요일 저녁 종교활동 시간에 롯 찬양팀이 와서 우리에게 얼음물을 나누어 주었다. 어찌나 좋던지 얼음물을 막사까지 가져와 조금씩 녹여 먹다 결국 밤에 설사한 사건이 아직도 기억이 난다. 그때는 얼음물 한 방울도 어찌나 귀하던지. 지금 생각해 보면 웃음만 난다.

다음은 자대를 배치 받고 쓴 이등병 때 일기다.

200X년 10월 X일

불 면 증

[어제 텔레비전 시청이 없는 관계로 10시에 취침에 들어갔다. 근데….

근데…. 잠이 오지 않는 것이었다. 계속 자려고 자세도 바꿨지만 그럴수록 몸에 열만 생겨 덥기만 하였다. 2시부터 4시까지 고가초소 근무였는데 아무리 자려고 해도 잠이 안 와 12시 50분에 일어나 근무 준비를 하고 행정반으로 내려갔다. 그곳에는 XXX병장님이 있으셨고 왜 이렇게 일찍 왔느냐고 물어보셔서 잠이 안 와서 그냥 내려왔다고 하니 불면증인 거 같다고 하셨다.

근무를 마치고 돌아와서 1시간밖에 자지 못했다. 오늘의 작업이 나무를 태워서 숯을 골라내는 작업이었다. 가뜩이나 눈이 피곤한데 매운 연기를 계속 접하다 보니 눈엔 눈물만 줄줄 흘렀다.

작업이 끝나자 눈엔 초점이 흐리멍덩할 정도로 멍해 있었다.

지금도 눈이 피곤한데 오늘은 고가초소 4시부터 6시 타임을 뺀 5

시간 30분을 푹 자고 싶다.]

　이등병 때 불면증에 걸려서 쓴 일기다. 이 불면증은 이후로도 가끔 일어났다. 아무래도 이등병 때는 고참들의 욕도 많이 먹고 눈치도 많이 보기 때문에 스트레스성 불면증이었던 것 같다. 이때는 어찌나 긴장을 했던지 고가초소 근무가 새벽 4시부터였지만 30분을 먼저 일어나 준비를 해야 했다. 그것도 불침번(취침시간에 막사의 경계를 서는 병사)이 깨우기 전에 먼저 일어나야 해서 잠을 푹 자지도 못했다.
　이등병 때는 참 어렵게 생활했다. 그래서 이때 고참에게 욕을 많이 얻어먹거나 고참들에게 집단적으로 갈굼을 당할 때는 탈영도 생각한 적이 몇 번 있었다. 나쁜 기억은 쉽게 잊힌다고 지금은 기억도 잘 나지 않지만 그 당시만 해도 하루하루 고참 얼굴 보는 게 너무 싫었다.

　다음은 이제 새우깡도 한 개 더 올린 일병 때의 일기이다. 이건 일병을 처음 달았을 때의 각오이다.

200X년 1월 1일
일병이 되어

[기다리고 기다리던 일병이 되었다. 입대 일부터 지금까지 이병이었다고 치면 175일 정도 이병이었다. 그래서인지 XXX상병님이

내가 이병을 오래 차고 있었던 것 같다고 했다. 날짜가 길기도 길었지만 막내로 일병을 다니 더 오래하는 것처럼 생각하시나 보다.

일병 때는 참 큰 훈련이 많다. 당장 이번 달에 혹한기가 있고 3, 4, 5월에는 굵직굵직한 훈련이 있고 6월에는 유격이 있다. 훈련의 꽃 혹한기와 유격을 모두 뛰기 때문에 참 힘든 일병 시절이 되겠구나 라는 생각이 든다.

현재 우리 소대엔 후임이 없다. 그런데 중대로 따지면 10명이 넘는 인원이 후임으로 있다. 아쉬운 건 딴 소대 후임은 별로 터치를 못한다는 것이다.

소대 후임이 진짜 후임인데…. 아쉽다.

일병은 말 그대로 일병이란다. 일하는 병사. 일병이 되면 물 떠오기와 총기 수 파악이란 일이 따라오고 모든 일에도 열심히 하는 계급이란다. 많이 부담된다. 어리바리하고 모든 일에 실수도 잘하는데 이젠 그런 실수들도 용납이 안 된다니 걱정이 참 많다. 그래도 잘하자!]

일병이 될 때까지 소대 후임이 없던 사실이 참 아쉬웠었다. 게다가 일병이란 계급은 말 그대로 일하는 병사라 모든 일에 열심히 나설 계급이다 보니 일기를 쓰던 각오도 남달랐던 것 같다. 마지막에 쓴 '그래도 잘하자!'가 일기에는 큰 글씨로 써져 있어 그때의 각오를 생각나게 한다.

일병 때는 큰 훈련도 참 많았다. 3, 4, 5월에는 사단, 연대, 대대에서 하는 훈련이 모두 몰려 있는데다 혹한기 훈련과 유격이라는 큰 훈련도 모두 받는 계급 때라 참 힘든 점이 많았다. 그래도 이등병 때는 어리바리했지만 일병 때는 열심히 하는 모습을 보여줘서 나중에 고참이 되었을 때는 여러모로 후임들에게 조언도 해주고 모범을 보여줄 수 있었다. 정말 일병 때의 이미지가 나의 군 생활에 큰 도움을 주었다.

이번엔 상병 때의 일기를 옮길 차례인데 상병을 달기 며칠 전에 모든 육군에 아주 큰 사건이 일어났다.

200X년 6월 XX일
총기 난사 사건

[아침에 '반올림'을 보다가 텔레비전에 속보라는 자막으로 '군 부대 총기난사' 라는 글과 10명 사상이란 자막이 떴다. 처음엔 별 대수롭지 않게 보았는데 나중이 되어서야 그 사건의 실체를 알 수 있었다.

XX 사단 GP에서 일병 XXX가 새벽에 수류탄 한 개를 투척하고 총 45발의 실탄 중 40발을 난사해 소대장을 포함해 8명이 죽고 2명이 중상을 입었다는 것이다. 이유는 고참들의 폭언, 폭설이라고만 했다.

유격 가기 하루 전날에 사건이 터져서 기분이 참 씁쓸하다. XX 형과 XX 누나랑 부모님에게 전화를 해 보아도 다 총기난사 사건 때문에 모두 걱정하고 계셨다. 참 큰일이 터졌네.]

총기난사 사건이 공교롭게도 유격을 떠나기 하루 전에 일어났다. 그래서 유격이 미뤄질 줄 알았는데 유격은 계획대로 진행되었다. 당시에 이 사건에 대한 정확한 정보를 들을 수가 없어서 사상자 수와 총기를 난사한 이유가 지금 알려진 것과는 다르지만 수류탄까지 던졌다는 말이 그 당시 큰 충격이었다. 수류탄은 신병교육대 때 터지는 위력을 보았기 때문에 아주 위험한 무기로 인식하고 있었다.

전역한 지금도 그 사건을 생각해 보면 고참들의 폭언 때문에 사건이 일어난 것이 아니라 한순간의 충동을 이기지 못하고 총을 난사한 그 일병의 생각 때문에 사건이 일어났던 것 같다. 조금만 참으면 상병이 되고 또 조금만 버티면 전역을 하는데 순간적인 충동으로 많은 사람을 죽이고 자신의 가족이나 희생자들의 가족에게도 큰 충격을 주었으니.

군대에서는 "이등병 땐 참을 인을, 일병 때는 베풀 인을, 상병 때는 어질 인을, 병장 때는 사람 인을 배우고 나간다."라는 말이 있다. 아마 이 일병은 이등병 때 참을 인을 제대로 배우지 않아서 그런 사고를 친 것 같다. 이제 이런 사고는 더는 발생하지 않아 20대 꽃다운 나이에 목숨을 잃는 사람들이 생기지 않았으면 한다.

상병 때의 일 중에 가장 큰 사건은 바로 APEC이 열렸던 것이다. 내가 군 생활을 하는 기간 중 가장 자랑스러웠던 일이다.

200X년 11월 XX일
APEC

[오늘부터 본격적인 APEC이지만 우리 대대는 9일부터 작전이 시작되었다.

이번 APEC이 큰 행사이니 만큼 모든 면에서 신경을 많이 쓴 것 같다. 매복조의 통신기기는 XX 사단, 전조등은 XX 사단, 우의는 초 A급일 정도로 여러 사단에서 최고의 장비들이 도착하였다.

또한 EOD(폭탄 제거반)이 XXX에서, 4, 5대대가 매복으로, X지사에서 운전병과 또 다른 여러 지원병에 중령, 대위 등 간부도 많이 와서 APEC에 관련된 일을 하고 있다.

다음 주 토요일까지가 APEC기간인데 그 동안 무사히 행사를 마쳐 내 군 생활에 가장 큰 보람으로 남았으면 좋겠다.]

APEC이 국제적인 큰 행사이다 보니 장비들도 다른 사단의 좋은 장비들만 가져와 썼던 기억이 난다. 게다가 수많은 간부가 우리 대대에 머물러서 언제나 말조심했던 기억도 나고 EOD사람들을 만나 잠시 이야기를 하면서 군대에는 내가 알지 못하는 곳에서 특별한 일을 하는 사람들이 많다는 생각을 한 적이 있었다. 정말 APEC은 군 생활을 하면서 군인으로서 가장 보람을 느낀 때였다.

마지막으론 병장이 되었을 때의 각오를 쓴 일기이다.

200X년 2월 1일
권 뱀

[이등병 때 XXX란 병장이 있었는데 소대장이나 고참들이 권 뱀이라고 불렀다. 경상도에선 병장을 줄여서 뱀으로 부른다는 이야기를 들었는데 뱀이야말로 군 생활의 쓴맛, 단맛을 모두 맛본 엄청난 위치이다. 이등병인 난 그 당시 병장이란 계급이 아주 높아서 감히 쳐다볼 수도 없었다.

그 후 시간이 흘러 일병이 되고, 상병이 되고, 이젠 병생활의 마지막인 병장에까지 올랐다.

기쁘기도 하지만 무엇보다 이젠 집에 갈 날이 160일 정도만 남았다는 희망에 부풀어 있다.

남자의 20대 중 가장 큰일 3가지 중 처음인 군 복무기간이 이젠 1/5 정도 남았다. 이제까지 수많은 시간을 눈물과 고통으로 보낸 만큼 이제 남은 군 복무 기간은 즐겁고 알차게 보내며 다시는 없을 군생활의 마지막을 보내야겠다.

병장 때 가장 유의해야 할 것이 첫째도 건강이요, 둘째도 건강이다. 방심하다가 크게 다치면 나가서 고생하니 언제나 몸조심해야겠다.

200X년 7월. 그 뜨거운 태양 아래서 열심히 신병 교육받던 그날을 생각하며 열심히 군 복무하고 분대원들과 후임들을 잘 보살펴주는 고참이 되어야겠다.]

뱀이라는 말은 병장을 줄여서 부르는 것이다. 나는 이름에 권자가 들어가기 때문에 권 뱀이란 소리를 들을 줄 알았지만 그냥 XXX 병장님이란 소리만 들었다.

병장이 되면 처음엔 집에 갈 수 있는 날이 머지않다는 희망을 품는다. 그리고 "병장은 떨어지는 낙엽도 조심해야 한다."라는 말처럼 언제나 몸조심이 우선이다. 약간만 위험한 작업이 있으면 병장은 멀리서 지시를 하며 구경을 한다. 그러나 전역 날이 별로 남지 않게 되면 앞으로의 미래에 대한 불안감이 커진다. 전역한 지금도 앞으로 뭘 해야 할지 걱정이다. 일단 복학은 하겠지만 졸업을 해서도 마땅히 잘하는 것도 없는데 청년실업률을 높이는 데 일조를 하지 않을까 하는 걱정도 든다.

일기를 쓴 부분에 20대에 해야 할 3가지 큰일이라는 것이 언급되어 있다. 이건 입대하기 전에 아버지가 조용히 부르셔서 하신 말씀이다.

"20대에 남자가 해야 할 일이 3가지 있다. 이 3가지 일이 앞으로 너의 평생을 좌우하게 될 큰일이다. 처음이 군대이고, 두 번째가 취직, 세 번째가 결혼이다. 너는 처음인 군대에 대한 일에 지금 놓여 있고 이것만 잘 이겨내면 앞으로 남은 2가지도 이겨낼 수 있을 거라 믿는다. 몸조심하고 열심히 지내다 나와라."

언제나 엄하시기만 하신 아버지가 이렇게 따뜻한 말씀을 하셔서 감동을 하였던 게 기억이 난다. 나도 이제 군대라는 큰 산을 넘었으니 이제 2개의 큰 산만 넘으면 된다. 앞으로 더욱더 노력해서 내 앞에 남아있는 2개의 큰 산도 거뜬히 뛰어넘는 사람이 돼야겠다.

지금 군대에 수양 록을 쓰지 않는 군인들에게 이런 말을 하고 싶다.

"당신이 50대에 군 생활을 어떻게 했나 기억해 보라. 기억이 잘 나지 않을 것이다. 그러니 일기를 꾸준히 쓰며 당신이 죽기 전까지 군대에 대한 추억을 간직해라. 가끔 힘들 때는 수양 록을 보면서 군 생활 때보다 더 힘든 일은 없다고 스스로 위로하며 힘을 내자."

일기는 추억을 평생 떠올리게 하는 하나의 매개체라는 생각이 든다.

19. 수양록 번외 글 1

수양록 뒤쪽에 보면 낙서란이 있다. 그곳에 신병교육대 성경책 뒤에 쓰여 있는 재미있는 글을 쓴 것도 있고 군 생활을 하면서 생필품의 양을 쓴 것도 있다.

이번 번외 글 1에서는 신병교육대 성경책에서 본 재미난 글을 몇 가지 적겠다.

"난 마린이 아니다. 나는 SCV다."
-마린과 SCV는 스타크래프트라는 게임에 나오는 유닛들로 마린은 소총을 쏘는 유닛, SCV는 미네랄과 가스를 캐는 일꾼이다. 이 글의 의미는 군인이 되어 사격이나 훈련을 받는 것보다 작업을 하는 시간이 더 많다는 것이다. 훈련병 때 이 글을 읽고는 이해가 가

지 않았지만 자대 생활을 하면서 차차 이해가 갔다. 군인은 훈련을 받는 시간보다 작업을 하는 시간이 더 많다.

＊신병교육대 훈련 별 난이도
　각개전투(★★★)
　유격(★★★★)
　화생방(★★★★★)
　무릎 앉아(★★★★★★★★★★)

－무릎 앉아는 오른쪽 무릎은 꿇고 왼쪽 다리는 90도가 되게 만든 다음 왼손은 90도가 된 왼쪽 다리 무릎에 올려놓고 오른손은 오른쪽 다리 허벅지 부분에 올려놓는다. 이 자세는 부동자세인데 처음엔 그럭저럭 버틸 만하지만 10분 정도를 그런 자세로 가만히 있으면 나중에 오른쪽 다리로는 서 있을 수 없을 정도로 무릎이 많이 아프다. 맨땅에 오른쪽 무릎만 대고 가만히 있으니 어느 누가 무릎이 성하겠나.

각개 전투와 유격, 화생방도 훈련 중에 가장 강도가 센 것으로 정평이 나 있다. 특히 화생방은 생전 처음 맡아 보는 가스로 인해 얼굴에 있는 구멍(눈, 코, 입 등)에서 물이 나오고 이 순간 하찮게 여기던 산소가 얼마나 소중한 존재인지 새삼 느끼게 하는 고난도 훈련이다. 그러나 이 화생방도 잠시만 참으면 이겨낼 수 있지만 무릎 앉아는 오랜 인내심이 필요하기 때문에 훈련병들이 가장 어렵게 생각하는 것 같다.

"각 내무반 빠른 번호는 복창해라. 나는 뒤졌다."

-처음 신병교육대를 들어가면 심부름을 시키려고 해도 시킬 인원이 애매하다. 자치 분대장이나 소대장도 나중에 뽑기 때문에 조교들은 제일 만만한 각 내무반 빠른 번호들에 심부름을 많이 시킨다.

처음 들어갔을 때 알려줄 내용이나 나눠줄 물건이 상당히 많다. 내무반 빠른 번호들은 하루에도 수십 번씩 조교들이 지시하는 곳에 가서 물건을 가져오거나 알려줄 것을 알아 오느라 쉬는 시간에도 마음대로 쉬지를 못한다.

난 신병교육대 우리 소대 맨 마지막 번호라 빠른 번호들이 하는 심부름은 하지 않았지만 언제나 제일 마지막까지 기다리고 마지막에 뒷정리를 하였다. 하지만, 이것보다 더 힘든 것은 훈육조교가 내 옆자리에서 자서 언제나 잘 자리를 깔아 주고 정리하고 잘 때 마음대로 뒤척이지도 못해서 잠도 편히 못 잤다. 그저 중간번호가 제일 맘이 편하다.

"방독면 잘 써라. 난 새서 뒤질 뻔했다."

-신병 교육대 때 처음 화생방 체험을 위해 가스실에 들어갈 때는 방독면을 쓰고 들어간다. 그러다 교관이 벗으라고 하면 방독면을 벗어 가스를 마시게 된다. 그러나 밖에서 방독면을 제대로 쓰지 않고 들어가는 인원들은 방독면 사이로 가스가 새서 교관이 주의 사

항 등을 설명할 때에도 그대로 가스를 들이마셔야 한다.

화생방 한 사람들은 다 알 것이다. 가스실에 있는 1초가 얼마나 고통스러운지.

*부대별 명언
 특공대: 안 되면 되게 하라.
 해병대: 안 되면 될 때까지.
 육군: 안 되면 대기하라.
 공익: 안 되면 돌아가라.
 배식특공대: 안 되는 건 없다.

–특공대와 해병대는 역시 특수한 곳이라 말도 멋있다. 안 되면 될 때까지 하라는 말. 그래서 그런지 개구리들 중에 해병대나 특공대 출신들은 달라도 뭔가 다르다. 이에 반해 육군은 대기하는 경우가 많다. 섣불리 움직일 수가 없으니 상부에서 명령이 떨어질 때까지는 계속 대기만 하는 것이다.

자대 시절 우리 부대 앞바다에 밀입국 배가 입국한다는 정보가 들어온 적이 있었다. 그때가 자정이었는데 출동준비를 하고 내무실에서 대기를 하였지만 결국 새벽 4시까지 출동은 못하고 마냥 내무실에서 대기했던 기억이 난다. 이 외에도 무슨 작업을 하거나 훈련을 할 때에도 간부의 명령이 떨어질 때까지는 병사들은 계속 대기를 한다. 병사끼리 생각하고 행동했다가는 나중에 사고가 터지면 모든 책임을 지시를 내린 병사에게 돌아가기 때문이다. 그래서 육군은 수동적이다.

공익은 어떤지는 잘 모르겠는데 안 되면 돌아가라는 말이 나온 것으로 보아 뭐든지 쉬엄쉬엄 하는 것으로 보인다.

배식특공대는 말 그대로 불가능한 일은 없어야 한다. 군대에서 제일 중요한 것 중 하나가 바로 식사인데 그런 이유 때문에 배식 특공대는 훈련을 산꼭대기에서 하든 걸어서 1시간이 넘는 거리에서 하든 무조건 병사들 밥을 제시간에 먹여야 한다. 그래서 배식특공대는 병사들이 가장 싫어하지만 자대에서는 계급이 딸리면 자연스럽게 배식특공대를 할 수밖에 없다.

"훈련소 1~2주차는 시간 더럽게 안 간다. 하지만, 3~4주차는 빨리 간다. 조금만 더 참아라."

-훈련소 1주차에는 설문지를 쓰거나 신병교육대에서의 주의사항을 듣거나 아니면 대기를 하는 시간이 많아 언제나 지루하다. 게다가 아직 사회에서의 티를 벗지 못했으니 통제되는 시간이 지루하게만 느껴지는 게 당연하다. 2주차에도 별다른 것을 하지 않다. 설문지 쓰는 것도 많이 하고 상담도 많이 하지만 이때부터 제식이나 총검술 등 가장 기초가 되는 군사훈련을 받는다.

3주차가 되면 서서히 바빠진다. 사격과 각개전투를 배우고 4주차에는 가장 힘든 행군과 화생방, 수류탄 투척을 배운다. 마지막 5

주차에는 종합평가와 정신교육을 받고 자대가 발표된 후 퇴소식을 하게 된다.

자대에 있을 때 말년 병장이 한 말이 생각난다.

"시간 진짜 안 가네. 그냥 유격이라도 한 번 더 하고 싶네."

유격은 훈련 중에 아주 강도가 높은 훈련 중 하나이다. 그러나 말년병장이 유격이라도 받고 싶다는 이유는 군인은 그저 멍하니 있는 시간은 지루하기 때문에 오히려 몸으로 뛰는 시간이 훨씬 더 빨리 지나간다는 의미이다.

따라서 지금의 현역군인들도 무의미하게 시간만 보내면 시간은 더 늦게 지나가는 것처럼 뭔가 취미를 만들거나 공부를 하여 시간을 효율적으로 활용한다면 시간도 빨리 가고 전역을 해서도 사회에서 큰 도움이 될 것이다.

"지구가 뒤집혀도 국방부시계는 돌아간다. 용기를 가져라."

-처음 신병교육대에 들어가서 무더운 여름에 강도 높은 훈련을 받느라 하루하루가 고통의 연속이었다. 그땐 2년이란 시간이 과연 지나갈까 하는 걱정도 들었지만 지금 생각해 보면 그때의 우려와는 달리 2년이란 시간이 생각보다 빨리 지나간 것 같다. 언제나 그랬듯이 하루하루만을 생각하지 말고 멀리 내다보라. 그럼 시간도 빨리 지나가는 것처럼 느껴질 테니까.

20. 수양록 번외 글 2

수양록 뒤에 보면 내가 군 생활 동안 쓴 생필품의 양을 날짜별로 바를 정자로 해서 표시해 둔 페이지도 있다. 근데 생필품을 쓴 주기를 보면 희한한 점을 발견할 수 있다.

우선 치약. 치약은 총 17개를 썼다. 24개월 중에 17개를 썼으니 1달에 한 개도 못쓴 꼴인데 이것에도 나름대로 이유가 있다. 이등병 때 치약을 바꾼 주기를 보면 10.15일, 11.20일, 12.29일로 보통은 한 달에 한 번 정도 치약을 바꿀 정도로 양치질을 열심히 하였다. 그러나 일병이 되면 3.1일, 4.26일, 6.28일 등 서서히 주기가 길어진다. 이것은 일병이 되면 일을 하느라 정신이 없어서 점심때 양치질하는 것을 꿈도 꾸지 못했고 저녁때도 가능한 한 빨리 씻어야 해서 치약을 많이 묻혀 닦을 시간이 없었다.

상병 때의 주기는 10.9일, 11.11일, 12.20일처럼 다시 한 달 주기로 돌아간다. 이제 조금씩 여유가 생겨서 점심때도 양치질을 할 수 있는 여유가 생긴 것이다.

이제 병장 때이다. 병장 때는 5.1일, 5.27일, 6.15일 등 치약을 자주 쓰게 된다. 그 이유는 병장 때는 자기관리를 해야 하기 때문에 저녁에 과자 하나만 먹어도 바로 양치질을 하였기 때문이다.

이번엔 칫솔. 칫솔은 총 15개를 썼는데 치약을 쓰는 주기와 비슷하게 칫솔도 바꾸었다.

다음은 비누. 비누는 총 26개를 썼다. 한 달에 한 개 이상은 쓴 것이다. 그러나 바꾼 주기를 보면 재미난 것이 발견된다.

이등병 때 비누를 바꾼 시기는 10.10일, 11.1일, 11.25일 등 20일에 한 번씩 비누를 교체하였다. 이것은 이등병 때는 비누 하나로 세면, 세족을 하고 머리도 감고 샤워할 때도 쓰기 때문에 교체 시기가 자주 있는 것이다.

일병 때도 이등병 때와 거의 똑같다. 1.15일, 2.1일, 2.15일 등 추운 겨울인데도 불구하고 거의 15일 단위로 비누를 바꿨다. 하지만 상병이 되었을 때는 이런 주기가 서서히 바뀐다. 상병일 때는 10.18일, 11.20일, 1.9일 등 서서히 교체 주기가 길어진다. 이는 상병이 되면 머리를 감을 때는 샴푸를 쓰고 얼굴을 씻을 때는 세안제를 이용하기 때문에 비누를 쓰는 것은 샤워를 할 때이다.

　병장이 되면 주기가 많이 길어진다. 3.21일, 5.13일 등 거의 주기가 2달 가깝게 된다. 이건 그나마 샤워할 때 비누를 쓰던 것이 바디클렌저로 바뀌었기 때문이다. 비누는 단지 발을 닦을 때만 쓴다. 병장의 특성상 사제(사회에서 파는 제품)를 써도 뭐라고 할 사람도 없고 자기의 몸을 생각해야 하니까 씻는 것도 모두 사제로 변하는 것이다.

　이번엔 세탁비누이다. 그런데 세탁비누는 쓰다가 말아서 총 5개를 사용한 다음에는 표시가 멈춰 있다. 세탁비누의 주기를 보면 9.25일, 10.26일, 11.25일 등 한 달 주기로 세탁비누를 교체하였는데 이는 이등병 때는 전투복을 빼고는 모두 손빨래를 하였기 때문이다. 그러나 세탁비누를 교체한 것이 11.25일이 마지막이었기 때문에 아마 12월 말까지만 세탁비누를 썼을 것이다.
　그럼 그 후에는 어떻게 했나. 바로 세탁기를 돌리기 시작하였다. 겨울이 되어서 손빨래하기가 힘드니까 고참들이 세탁기를 돌려도 된다는 허락을 해주었다. 그러나 빨래를 돌리도록 허락받은 시간이 아무도 세탁기를 돌리지 않는 불침번 타임이었기 때문에 일찍 일어나 근무에 투입되기 전에 빨래를 돌리고 근무가 끝나면 빨래를 빼서 건조장에 널어놓는다. 만약 나와 같이 근무를 서는 고참이 같이 빨아달라고 하면 고참 것도 빨아주고 섞이지 않게 잘 널어 주어야 한다.

상병 때는 이제 낮에도 마음대로 돌릴 수 있었다. 다만, 다된 빨래가 나보다 고참 것이면 고참에게 다된 빨래를 갖다 주고 내 빨래를 돌려야 했다. 후임 것이면 세탁기 옆에 있는 빨래 모아두는 바구니에다 쌓아 두었다.

병장이 되면 빨래하는 주기가 짧아진다. 양말이 세 켤레 이상만 쌓여도 바로 세탁기를 돌렸다. 빨래가 다 돌아가도 오랜 시간 찾아오지 않는다면 내 다음번에 빨래를 하는 후임이 내 빨래를 들고 나를 찾아온다. 병장이다 보니 가능한 일이다.

마지막으론 휴지. 근데 이것도 제대로 파악이 되지 않는다. 표시되어 있는 것은 총 3개인데 이것도 10.24일이 마지막이라 이등병 때 마지막으로 표시한 것이다. 그 이유는 휴지는 내가 쓰는 양보다 다른 고참이 내 것을 빌려 쓰는 양이 많았기 때문이다. 지금 생각하기에도 고참들이 자기 휴지가 떨어지면 나에게 말도 안 하고 내 휴지를 가지고 가서 정작 내가 쓰려고 하면 쓰지 못할 때가 많이 있었다. 그래서 PX에서 사다 쓴 일이 많았기 때문에 휴지는 표시하다가 만 것으로 기억난다.

보급품의 사용주기만 보아도 군대가 참 특이하다는 것을 알 수 있다. 이등병 때는 짬이 딸린다는 이유로 사제물건을 못 쓰기 때문에 언제나 보급품을 써야 해서 보급품의 사용량이 많고 일병 때는 바쁘기 때문에 씻을 시간도 많지 않아 보급품의 사용이 줄어들고 상병 때는 서서히 사제를 쓰는 종류가 늘어나기 때문에 보급품의 사용이 줄어들고 병장 때는 대부분이 사제물건을 쓰기 때문에 보급품은 거의 쓰지 않다.
　그러나 최근에는 일병만 되어도 샴푸에, 세안제에, 바디클렌저까지 모두 사제를 써서 보급되는 비누나 치약이 많이 남는 것을 보았다. 그렇게 쌓이다 보면 멀쩡한 비누나 치약도 버리는 경우를 많이 보았는데 국방부는 차라리 보급품을 사서 병사들에게 나누어 주지 말고 월급을 조금 더 올려서 그 돈으로 자기가 사고 싶은 생필품을 사라고 하는 게 낫겠다는 생각을 많이 했다. 그래야 보급품이 쓰이지도 못하고 버려지는 일이나 마구 쓰는 일이 없어지게 될 테니까.

21. 편지

　군대에 있으면 사회에 있을 때 소중하였다고 생각되는 것들이 많다. 그중에 하나가 편지인데 사회에서는 휴대전화로 문자나 전화를 하여서 편지를 쓰는 횟수가 그리 많지 않다. 그러나 군대에서는 편지 한 통이 정말 보물이다.
　군대에 있으면서 사회에 있는 친구나 가족에게 안부를 전해 줄 수 있는 방법이 편지와 전화이다. 전화야 뭐 실시간으로 서로 목소리를 들으며 이야기를 나눌 수 있지만 편지는 가는 데 1주일, 오는 데 1주일 등 보내고 답장 받는 시간까지 총 2주가 걸린다. 이것도 편지를 수발하는 수발 병이 제때 받아야 이런 주기가 나오지 수발 병이 우체국에서 제대로 편지를 받아오지 않으면 주기가 1달이 걸릴 때도 있다.

군대에서 편지를 생각보다 많이 받았다. 그러나 대부분이 동아리 주보이거나 군대에 있는 군인들끼리 주고받는 편지이거나 형이나 부모님에게서 온 편지이다. 여자에게 온 편지는 다 합쳐봐야 5통도 안 된다.

처음 신병교육대에 들어갔을 때에는 텔레비전도 없고 전화도 할 수 없어 편지가 그야말로 유일한 정보수단이었다. 그러나 이것도 신병교육대 3주차 정도에나 보낼 수 있어서 그전까지는 가족이나 친구의 안부나 사회에 대한 정보를 알 수 없다.

처음 신병교육대에서 편지를 쓰던 날, 부푼 기대를 가지고 편지를 썼다. 입대하기 전에 친구들에게 편지 꼭 쓰겠다는 문자를 많이 받았기 때문에 편지를 가장 친한 친구에게 보내면 그 친구가 편지 내용과 신병교육대 주소를 동아리 홈페이지나 친구들에게 알려 주기로 했다. 그래서 아마 10통 정도는 올 것이라는 기대를 가지고 친구에게 쓰는 편지와 모두에게 쓰는 편지, 총 2종류의 편지를 써서 친구에게 보냈다.

4주 차 때. 옆에 있는 훈련병 동기들에게 편지가 속속 도착했다. 여자친구가 있는 동기에게는 편지 안에 사진과 영원히 헤어지지 말자는 하트모양의 카드나 입술모양이 담긴 휴지 같은 것들이 담겨 있고 부모님에게서 편지가 온 동기들은 군에 간 아들에게 걱정되는 마음으로 쓰신 부모님들의 사랑의 글이 담긴 두툼한 편지가 도착하였다.

'녀석들 몇 통이나 받았다고 기뻐하나.'

이제 곧 수없이 많이 도착할 편지를 생각하며 하루하루 훈련을 열심히 받던 기억이 난다. 그러나 훈련을 모두 끝내고 자대배치를 받아 부산으로 내려갈 때까지 내가 신병교육대에서 받은 편지는 총 3통이었다. 그것도 어머니에게서 받은 편지가 2통이고 편지를 보낸 친구로부터 받은 편지가 1통이었다.

한숨이 나왔다. 내가 사회에서 이렇게 대인관계가 나빴나 하는 생각도 나고 사회에 있는 친구들이 바빠서 못 보냈겠구나! 스스로 위안을 하기도 하였다. 그러나 아무리 이해하려고 노력해도 방학기간이 학기 중보다는 바쁘지 않을 텐데 다들 편지를 한 통도 보내지 않다니. 하지만 이 때까지도 앞으로 편지 때문에 생길 실망이 이 정도까지일 줄은 생각도 못하였다.

열심히 이등병 생활을 하던 어느 12월. 문득 곧 있으면 겨울방학이고 방학이 끝나면 지금의 동아리 선배 중에 졸업을 할 선배가 있다는 생각이 들어 그 선배들에게 편지를 썼다. 거의 10명 정도에게 졸업하여서 원하시는 곳에 취직하고 언제나 건강하란 식의 내용으로 썼는데 그중에 2명의 선배에게서만 답장을 받았다. 편지를 학교로 보내서 나중에 받아보아 답장이 늦어졌다는 이야기와 편지 써줘서 고맙다는 이야기, 너도 군 생활 열심히 하라는 이야기가 대부분이었다. 그래도 2명의 선배에게서 편지가 와서 기분이 좋았다. 그것도 두 분 다 여자라서.

그러나 가장 충격을 받았을 때는 작년 12월로 동기들에게 보낸 편지였다. 학교에 입학하여 입대하기 전까지 언제나 같이 어울리고 같이 이야기도 많이 한 친구들이 졸업을 하기 전 마지막 방학이 가까워져서 친구들에게도 일일이 다른 내용으로 편지를 썼다. 입학 때부터의 이야기와 1년 6개월을 같이 보낸 추억들을 생각하며 머리에 쥐가 날 정도로 옛 생각을 떠올려 편지를 썼다. 그리고 그 편지가 친구들에게 가도록 동아리 회관 주소로 편지를 보내고 회관에 계시는 간사님에게 편지가 모두 도착하면 꼭 친구들에게 나눠 줄 것도 전화로 당부하였다. 이등병 때 보낸 편지가 학교로 보낸 거라 받지 못한 선배들이 있었을 것이란 과거의 경험으로 이번엔 확실히 본인들이 직접 받을 수 있도록 생각해서 한 행동이다.

그러나 1월이 되어도 답장이 오지 않는 것이었다.

'혹시 편지를 못 받은 거 아닐까?' 하는 생각에 회관에 전화를 걸어 간사님에게 물어보았는데 모두에게 편지를 나눠줬다는 이야기를 듣고는 안도의 한숨을 쉬었다.

'그럼 바빠서 다들 못 보내는 건가.'

이제 곧 졸업을 하면 취직을 해야 하니까 바빠서 답장을 못 보내겠거니 생각하고 나 자신을 위로했지만 아무리 생각해도 바빠서 그런 것도 아니었다. 결국, 친구들이 졸업을 하고 취직을 할 때까지 아무에게도 답장은 오지 않았다. 밀려드는 아쉬움. 그래도 군대에서 편지를 보내면 몇 명에게서는 답장이 올 줄 알았는데 한 통도 오지 않다니, 이제까지 나와 친구들의 관계가 이 정도밖에 안 되었나 하는 생각도 많이 들었다.

군 생활 동안 많은 군인이 사회에 있는 친구나 가족에게 편지를 쓴다. 그러나 그 편지 한 통 한 통은 군인들이 있는 시간, 없는 시간 쪼개서 쓴 것이다. 나도 친구들에게 편지를 보냈을 때에는 이제 1월에 있을 혹한기 준비를 하느라 부대가 바쁠 때였다. 정말 피곤하여 쉬고 싶은 시간에도 짬을 내어 편지를 쓴 건데 답장을 안 보내주니 너무 서운했다.

친구가 입대를 할 때 편지 자주 쓴다는 말이 어찌 보면 빈말처럼 여겨지는 형식적인 말이 되어 버린 것 같다. 군인에게 편지라는 것은 짬이 딸릴 때 하루하루가 힘들어도 그나마 힘이 되어주는 것이고 짬이 찼을 때는 내게도 아직 사회에서 생각해 주는 친구가 있다는 하나의 위안이 된다.

대한민국 남자로 태어나 2년이란 시간 동안 힘들게 군 생활을 하여도 사회에서는 생각도 안 해 주는 사람들이 많아 대한의 건아들은 자신들의 존재감을 잃어 가는 거 같다. 친구나 가족이 군대에 있으면 편지를 자주 써줘야 한다. 30분 정도의 시간을 들여서 쓰는 편지 한 통에 군인들은 희망과 용기를 얻게 될 것이니까.

혹시 아는가. 자살을 결심한 군인이 편지를 받고 전역한 후의 희망을 생각하여 더 열심히 군 생활을 하게 될지.

22. 골초

군대에서는 연초라고 하여 군용담배가 보급이 된다. 담배 한 갑당 250원으로 사회에 있을 때보다 1/8 정도 싸기 때문에 담배를 피우는 군인이 많다. 심지어 사회에서 담배를 피우지 않거나 담배를 끊은 사람들도 군대를 들어와서 피게 되는 경우가 많은데, 그 이유 중의 하나가 담뱃값이 싸기 때문일 것이다.

담배는 1달에 1보루가 나온다. 그러나 작년에는 1보루 반에서 올해는 1보루, 내년에는 반 보루로 줄어든다고 한다. 이제 군대 안에 있는 골초들이 과연 어떻게 지낼까 걱정이 된다.

내가 있는 부대에서는 100명 중에 담배를 안 피우는 군인이 10명 정도였고 담배를 피우는 군인이 90명 정도 되었다. 사회에서는 금연열풍 때문에 흡연율이 50%도 되지 않다고 하지만 군대에서는

90% 정도의 높은 흡연율을 기록하고 있다.

담배를 피우는 이유도 가지가지이지만 그중 가장 큰 이유 2가지는 고참이 담배를 피우러 가자고 하면 거절할 수 없는 마음과 군 생활이 짜증나기 때문이라고 한다. 그런데 이건 핑계에 지나지 않다.

처음 전입 왔을 때 고참들이 신병에 대해 자세히 알고 싶어 담배를 피우러 가자는 말로 데려가 이야기를 나누는 경우가 있다. 이때 사회에서 담배를 끊었거나 담배를 피우지 않는 사람도 졸지에 끌려가 담배를 피우고 그렇게 담배를 피우다 보면 어느새 담배를 배우게 된다. 나중에 왜 담배를 피웠느냐고 물어보면 고참의 말을 거절할 수가 없어서 피우게 되었다고 이야기하는 후임들이 있다. 처음 고참이 담배 피우러 가자고 했을 때 담배를 안 피운다고 사실대로 이야기를 하면 더는 강요를 하지 않는다. 하지만 처음에 신병이다 보니 너무 긴장해서 그렇게 말하는 게 고참 말을 거절하는 것으로 생각되어 따라가 담배를 배우는 경우가 의외로 많다.

두 번째 이유인 군 생활이 짜증나서 피운다는 것은 짜증이 나면 운동이나 다른 쪽으로 풀면 되는데 굳이 담배를 피워서 푼다는 것은 금연자로서 이해가 되지 않다.

보통 사제담배는 국산도 한 갑에 2,000원이 넘고 서양담배는 2,500원 정도이다. 담배를 피우는 사람이 한 달에 30갑을 피우면 6만 원을 연기로 날려 보내고 1년을 피우면 72만 원, 10년을 피우면 720만 원을 담배 사는 돈으로 지출하게 된다. 그러니 건강에도 안 좋고 금전적으로 손해가 많은 담배는 피우지 말라고 집요하게 설득을 하였다. 그럴 때마다 후임들은 "돈이 나가고 건강이 나빠지는 것보다 담배를 피워서 스트레스를 날리는 게 더 좋습니다. 담배 안 피워서 스트레스 받아 건강 나빠지는 것보다 담배를 피워서 건강이 나빠지는 게 더 몸에 해가 안 되지 않습니까?"라며 담배를 피우는 것이 더 이롭다는 주장을 펼친다. 이런 후임들에게 오히려 내가 설득당할 처지로 몰린 적도 있었다.

내 후임 중 대부분이 연초 1보루를 다 피우면 또다시 2,000원 이상을 주고 사제담배를 사서 피운다. 담배를 줄이면 되지 않느냐고 물어보면 사서 피우는 한이 있어도 담배는 절대 줄일 수 없다고 한다. 그래서 그런 후임들에게 '골초'나 '니코틴 폐인'이라는 별명을 붙여 주었다. 그러면서 꼭 붙이는 말이 "많이 피우고 폐 썩어서 빨리 죽어라."라는 약간의 거친 말을 해준다. 그러면 담배를 줄이느니 많이 피워서 빨리 죽겠다는 더 황당한 대답이 나온다.

군인에게 담배는 떼려야 뗄 수 없는 것인가 보다. 훈련이나 작업 도중에 쉴 때면 모두 담배 먼저 하나 입에 물고 쉰다. 니코틴이 떨어지면 힘이 안 난다나 어쩐다나. 그러니 골초나 니코틴 폐인이라고 불릴 수밖에.

근데 이 문제가 담배를 피우는 군인들에게만 피해가 가는 게 아니라 담배를 안 피우는 군인들에게도 큰 피해가 간다. 우선 훈련이나 작업 간에 흡연자들이 담배를 피워도 비흡연자들은 담배냄새를 피해 다른 곳에 가서 쉴 수도 없어 간접흡연의 영향이 심각하고 담배꽁초로 인한 쓰레기 문제로 부대를 청소해도 금세 담배꽁초가 널려 지저분하다는 느낌이 들게 한다.

　이제 연초가 서서히 줄어 몇 년 후면 아예 없어진다는 이야기가 있다. 더는 군대에서 흡연자의 수가 늘어나지 않을 거란 좋은 생각이 든다. 그래도 끝까지 월급을 털어 사제담배를 사서 피우는 군인들도 있겠지만.

23. 무교신자

태어나기 전부터 어머니의 뱃속에서 있으면서 교회에 다니고 태어나서도 계속 교회에 다니는 사람들을 모태신앙이라고 한다. 나도 어머니가 기독교 신자이다 보니 뱃속에 있다가 태어나서도 계속해서 교회에 다닌 모태신앙이다. 그러나 몸은 매주 교회에 다니지만 신앙심은 거의 없다. 한 번도 신의 존재를 믿지 않았다. 매 주마다 몸만 그저 교회에 왔다 갔다 한 것이다.

신병교육대에서는 매주 3번이나 종교 활동을 한다. 나는 당연히 기독교였기 때문에 일요일 오전, 저녁, 수요일 저녁엔 다른 종교는 가지 않고 오직 교회만 나간다는 마음을 먹었다. 사회에서 20년이나 교회에 다녔으면서 한 번도 믿음이 없던 내 마음을 반성하고 앞으로 열심히 종교를 믿겠다는 각오도 하였다.

처음 신병교육대 생활은 고통의 연속이라 더더욱 교회에 열심히 다녔다. 정말 앞으로 남은 군 생활 2년 몸 안 다치고 열심히 해서 무사히 전역할 수만 있으면 사회에 나가서도 종교생활 열심히 하겠다는 기도도 많이 했었다.

그러나 어떤 한 사건으로 종교에 대한 회의를 느끼게 되었다. 무더운 여름. 언제나 시원한 얼음물을 먹는 것이 소원이었던 때, 같은 내무실 동기 녀석이 불교를 한 번 가보지 않겠느냐고 제의를 하였다.

난 기독교였기 때문에 불교는 갈 수 없다고 하였지만 이번 주에 불교에 가면 시원한 냉면도 준다는 것이었다. 귀가 솔깃했지만 마음에서는 갈등이 생겼다.

'기독교 신자라 절에는 절대 갈 수 없어.' 하는 신앙 절대사수 의지와 '절에만 갔지 불교를 믿는 것은 아니잖아. 너도 초등학교 때는 절에도 자주 갔었잖아.' 라며 절은 그냥 장소일 뿐 절에 간다고 불교를 믿는 것은 아니라는 종교장소 불일치론이 대립을 하였다.

솔직히 우리 아버지가 불교신자라 초등학생 때 주말이면 오전에는 교회에 갔다가 오후에는 절에 가는 날이 일반적이었다. 그래도 절에 가는 것은 등산의 차원에서 갔기 때문에 그 당시에도 절에 간다고 불교를 믿는 것은 아니라고 생각했다.

'뭐 딱 한 번 가는 건데 어때. 그냥 신병교육대 절은 어떻게 생겼나 구경하는 것도 괜찮잖아.'

동기에게 이번 주 일요일에는 절에 가자고 이야기를 하고는 평상시대로 열심히 훈련을 받았다.

드디어 절에 가기로 한 일요일. 약속대로 종교 활동에 불교를 신청하고 시간이 되어 조교를 따라 절이 있는 장소에 갔다. 한 번에 몇 백 명이 들어가서 종교 활동을 하기 때문에 그 절은 생각했던 것보다는 많이 컸다.

시원한 냉면을 생각하며 지루하게 "나무아미타불" 하며 불경을 듣는 것도 참아내고 스님의 지루한 설교도 한쪽 귀로 듣고 한쪽 귀로 흘려버리며 시간을 보냈다. 그런데 뜻하지 않은 일이 생겼다.

스님이 오늘은 수계를 받는 날이라며 이곳에 있는 사람들은 모두 받으라는 것이었다.

'수계가 뭘까?'

불교에 대해서는 아무것도 모르기 때문에 수계가 뭔지를 몰랐다.

'세례하고 비슷한 건가?'

왠지 느낌상 그런 것 같았다. 아니나 다를까.

스님이 계속해서 훈련병 군인들의 팔에 향으로 살짝 지지시는 것이었다. 그렇게 하면 극락왕생하고 부처님의 제자가 된다는 거래나 뭐라나.

갈등이 생겼다. 여기서 수계를 받으면 부처님의 제자가 된다는 뜻이라는데 그러면 오직 유일신만 섬기는 기독교의 윤리에는 어긋나는 것이었다. 명색이 20년 동안 기독교 신자였는데 수계를 받기가 마음이 걸렸다.

이윽고 스님이 다가오고 나는 기독교인이라고 말했다. 그러나 스님은 아무 말 없이 내 팔에다 수계를 하시고 가 버리시는 것이었다.

밀려오는 죄책감. 나는 결국 냉면 한 번 먹으려다가 20년 동안 믿던 종교를 배신하는 결과를 가져왔다.

교회에서는 세례를 받았고 절에서는 수계를 받았으니 2가지 종교의 의식을 모두 받게 되었다.

모든 순서가 다 끝나고 마지막으로 냉면이 나왔는데 후회되는 마음 때문인지 냉면이 생각보다 맛이 없었다.

'이렇게 신앙심도 없는데 무슨 종교생활이람. 그냥 무교로 지내자.'

그날 자기 전 그런 결심을 하였다. 어차피 신이란 존재를 믿지도 않으니 이젠 종교라는 것에 의존하지 말고 오직 내가 결정하고 나에게만 의지하기로 결심한 것이다.

전역을 한 지금도 교회에 나가지 않는다. 20년 동안 교회에 다녔고 학교에서도 기독교 동아리에 가입되어 있지만 그래도 교회에 안 나갈 생각이다. 동아리는 뭐 그저 동아리라고만 생각하면 되고 사람들을 만나는 장소로만 생각하면 된다는 마음을 가졌기 때문에 복학해서도 동아리는 자주 나갈 생각이지만 동아리에서 하는 예배나 수련회에는 참여하지 않을 생각이다.

무교신자가 되니까 참 현실주의자로 변한 것 같다. 예전에 종교를 가지고 있었을 때는 힘든 일이 있으면 기도를 하며 신에게 의지를 하였는데 지금은 힘든 일이 닥쳐도 깊이 생각하고 판단하여 그 일을 해결한다.

일요일만 되면 어딘가 가야 할 것 같은 불안한 마음도 들지만 이제 시간이 지나면 익숙해지리라.

 이젠 아무것에도 의지하지 말고 나의 인생은 내가 만든다는 생각으로 오직 나만 믿고 나에게 모든 걸 걸어야겠다.

24. 곰 신

　군대에서 곰 신이란 말을 흔히 들어 볼 수 있다. 곰 신이란 "남자가 군대에 가면 고무신을 거꾸로 신는다."라는 말에서 유래가 되어 '남자가 군대에 가도 고무신을 거꾸로 신지 않는다.' 라며 전역할 때까지 고무신을 제대로 신고 있겠다는 마음을 가진 여자 분들에 의해 생긴 것이다.

　곰 신들은 정성도 참 대단하다. 매일 커플사진을 프린트해서 붙인 편지봉투에 'D-600일 그날까지 나는 꾹 참고 기다릴 거야. 사랑해.' 라는 닭살문구를 쓰고 형형색색의 편지지에 정성을 담아 애인에게 보내고, 밸런타인데이 같은 기념일에는 큰 상자에다 다양한 초콜릿을 넣어 소포로 부대에 보내 남자친구가 고참들의 사랑을 받게 하고, 겨울이 되면 손 난로를 보내고 여름이 되면 물파스나 해충

방지용 팔찌를 보내는 등의 정성을 보이기도 한다. 그런 후임들 때문에 기념일에는 달콤한 초콜릿을 나눠 먹고 겨울에는 손 난로를 서로 나눠 쓰며 추운 혹한기 훈련을 이겨낸 생각도 난다.

그러나 곰 신들이 정말 대단하다고 새삼 느낀 때가 후임들이 휴가를 나갔을 때이다. 군대에 있다 보니 머리는 빡빡 깎은 데다 얼굴은 새까맣게 타고 사회가 어떻게 돌아가는지를 모르니 이야기도 통하지 않고 5일 잠깐 얼굴만 보고 다시 복귀해야 하는 후임들을 사랑으로 기다린다는 말은 애인이 없는 나로서는 도저히 이해가 가지 않지만 망부석처럼 애인을 기다리는 마음이 참 존경스럽다.

그래서 군대에는 이런 이야기가 있다.

"군 생활 2년을 못 기다리는 여자는 평생을 못 기다린다. 그러나 2년을 기다린 여자는 평생을 같이할 수 있다."라는 좋은 말.

그러나 아쉽게도 남자친구가 전역할 때까지 기다리기보다 그전에 헤어지는 커플들이 더 많다.

눈에서 멀어지면 마음에서 멀어진다는 말처럼 오랫동안 보지 못하니 서서히 멀어져 헤어지는 커플이 많은데 그렇게 되면 군대에 있는 그 남자친구는 충격이 크다. 특히 헤어지는 시기가 대부분 이등병 때이기 때문에 몸으로나 정신적으로 힘든 이등병들이 여자 친구와도 헤어지면 의기소침해질 때가 참 많다. 그런 이등병들이 마음을 정리하고 다시 군 생활에 활기를 얻는 것도 상당한 시간이 걸린다.

최근에는 군화를 거꾸로 신는다는 말도 나왔다. 고참이 되면 휴가를 나가서 새로운 여자친구를 만들어 복귀하거나 사회에서 친구였던 여자와 애인관계로 발전하는 경우도 있다. 그러나 여자친구가 있는데도 이런 방식으로 딴 여자를 만드는, 군화를 거꾸로 신는 녀석들은 군대에서도 그리 좋아하지는 않다. 오히려 멀쩡히 자신을 기다려주는 곰 신이 있는데도 군화를 거꾸로 신으면 모든 군인들의 적이 된다. 겉으로는 바람피웠다는 핑계로 싫어하지만 속으로는 여자들에게 인기가 좋아서 좋겠다는 부러움으로 솔로가 많은 군대에서는 공공의 적이 된다.

언제나 군대 간 남자친구를 그리워하여 매일 밤 남자친구를 생각하며 편지를 쓰는 우리의 곰 신들.

곰 신들도 2년만 기다리면 더더욱 큰 사랑을 할 수 있으니 맘 변치 마시고 남자친구를 기다리시길.

2년이란 시간은 금방 가니까.

25. 돈

"헉."

너무 무더워 낮잠을 자다가 악몽을 꾸어서 나도 모르게 벌떡 일어났다. 꿈에 내가 제일 싫어하던 고참이 나와서 얼차려를 받는 꿈을 꾸었다.

'이놈의 고참들은 전역해서도 힘들게 하네.'

짬이 딸릴 때 아주 심하게 고생하였던 게 전역한 지금도 꿈속에 나타나 등골을 오싹하게 한다. 이런 꿈이 가위에 눌리는 것보다 더 무섭다.

날씨도 후텁지근한데 악몽으로 땀까지 쭉 흘려서 샤워를 하고는 적적한 마음에 어디를 놀러 갈까 하는 생각에 지갑을 열어 보았다.

지갑 속에는 만 원짜리 지폐 1장과 천 원짜리 지폐 4장뿐이었고 나머지는 이것저것 포인트 카드만이 꽂혀 있었다. 지갑만 두꺼웠지 실속은 하나도 없는 지갑 안은 볼수록 한숨이 나왔다.

'돈도 없는데 어딜 가서 논다고.'

생각해 보면 전역을 하여서 돈을 많이 썼다. 우선 2년 동안 못 산 옷들을 사고 신발도 2년 전에 신던 것은 모두 낡아서 새로운 신발들을 사고 2년 동안 보지 못한 친구들이나 아는 선배들을 만나 비싼 밥을 얻어먹는 대신에 영화 한 편 보여주는 식으로도 돈이 나갔다. 지금껏 보지 못한 만화책이나 비디오를 빌려보는 데도 의외로 많은 돈이 나갔다. 이렇게 계산해도 어림잡아 수십만 원의 돈이 전역한 후에 날아가 버렸다. 그러나 이 사이에 부모님에게 용돈을 받은 것은 고작 10만 원이다.

나머지는 내가 이제껏 모아 두었던 군대월급을 써야 했기 때문에 이제 잔고가 바닥이 났다. 주식에 돈을 모두 투자해 놓았는데 우주통신회사는 아직도 거래정지이고 증권회사 주식은 또 떨어져 이제 2,000원대에서 거래가 이루어진다. 본전 생각에 빼려고 해도 지금까지 너무 큰 손해를 보아서 울며 겨자 먹기 식으로 못 빼고 있으니 이제부터는 가지고 있는 돈으로만 살아야 한다.

'아르바이트자리를 구해볼까?'

학생일 때도 방학이 되면 아르바이트 자리를 구해 용돈을 벌었기 때문에 이번에도 아르바이트 자리를 구하려고 찾아보았지만 방학이 시작된 지 꽤 오랜 시간이 흘러서 아르바이트 자리가 비어 있는 곳이 없었다. 그나마 있는 아르바이트 자리도 방학 중에만 아르바이트를 한다고 하니 받아줄 수가 없다고 하였다.

'하긴 나 같아도 1달 반 아르바이트를 할 거면 안 받지.'

무더운 여름 밭에 땀이 나도록 돌아다녀도 아르바이트 자리가 구해지지 않아 이내 포기하였다.

'부모님에게 용돈을 달라고 할까?'

군인이던 시절. 휴가를 나오면 부모님이 용돈으로 10만 원씩을 주셨다. 그러나 그 돈으로 휴가 기간 친구들과 술을 마시거나 여기저기 돌아다니면 금방 써 버리게 된다. 전역을 하였을 때도 부모님이 용돈을 많이 주실 거라는 생각을 했지만 딱 10만 원 주시고 이 돈으로 알아서 사라고 하셨다. 그래도 필요한 게 많다 보니 10만 원도 금방 쓰고 내가 모은 돈도 다 써 버렸다.

마지막 방법이라고 생각하고 부모님에게 말씀을 드렸다.

"살 것이 너무 많은데 용돈 좀 더 주시면 안 될까요?"

엄하신 아버지께서 한마디 하셨다.

"안 된다."

결국 호랑이 같은 아버지에게 더는 말도 못 붙이고 물러나야 했다.

우리 집안은 예전부터 경제적인 면에서 엄격한 교육을 받았다. 지금 아버지가 중소기업 임원이시고 어머니도 직장을 다니셔서 나름대로 중산층의 가정이지만 용돈은 언제나 내가 노력해서 벌어야 했다. 가령 구두 닦는 데 500원, 집안을 청소하는 데 500원 하는 식으로 용돈을 받는 것이었다. 그러니 아버지가 용돈을 주시지 않은 것도 어쩔 수 없는 일이다.

이제 막 개구리가 되어서 2년 동안 못 한 것도 하고 싶고 사고 싶은 것도 많은데 그놈의 돈이라는 것이 뛰어오르려는 개구리의 발목을 잡는다.

군대에 있을 때는 그리 돈을 쓸 곳이 없다. 기껏해야 PX가 돈이 가장 많이 나가는 곳인데 PX에 가도 먹는 양만 조절하면 군대에서 공짜로 먹여 주고 입혀 주니 돈이 나갈 곳이 없어 조금씩 모이기도 하였는데 사회에 나오니 군대에서 1년 동안 모은 돈도 순식간에 날아가 버렸다.

'그래서 형이 군대에서 나오지 말고 말뚝을 박으라고 한 건가?'

5개월 먼저 전역한 형한테 전역 2주 후에 전화를 한 적이 있었다. 그때 형이 "2년 동안 사회가 너무 많이 변했다. 너도 나와서 고생하지 말고 거기서 말뚝이나 박아서 몸은 고달프겠지만 마음만은 편하게 지내."라는 말을 하였다. 병장이 되어 전역 날만 손꼽아 기다리던 나는 "뭘 해도 이곳보다는 사회가 훨씬 낫다."는 말로 응수한 적이 있었는데 지금은 그 말이 계속 생각난다.

'진짜 사회에 나오니까 걱정이 많구나. 금전적인 것도 걱정해야 하고 이제 복학준비, 토익준비, 졸업 후 취업준비. 이제부터가 고생의 연속인가.'

강압적인 군대에 있을 때는 사회에 나오면 모든 것이 다 해결되는 줄 알았다. 그리고 군인정신으로 하면 뭐든지 다 해낼 수 있으리라 믿었다. 그러나 이제 와서 보니 전역한 후에 한 것은 아무것도 없다. 그저 예전처럼 늦게 자고 늦게 일어나는 생활이 반복되었고 밤새워 공부해야겠다는 마음도 머리가 따라주지 않으니 이내 짜증이 난다.

지갑에 들어있는 14,000원을 물끄러미 보다가 문득 이런 생각이 났다.

'이 돈이 지금 내가 가지고 있는 돈의 전부이구나.'

이제 받을 수 있는 곳도, 벌 수 있는 곳도 없으니 돈을 아껴 써야겠다. 사회는 공짜로 먹여 주고 재워 주는 곳이 아니니 벌지를 못하면 쓰지를 말아야지. 무조건 절약이다.

26. 최신형 기기들

　전역을 한 지 몇 주가 지났는데도 아직 휴대전화가 없다. 현대인에게 필수품인 휴대전화가 없어서인지 계속 우물 안 개구리가 되는 거 같다. 실제로 전역 후 휴대전화가 없어서 고생한 적이 있다. 가령 밖에서 친구나 아는 형을 만나기로 했을 때 약속이 늦거나 장소가 애매할 때에는 연락을 할 수 없어 서로 찾다가 늦게 만나는 경우가 있었다.
　'역시 현대인에게 휴대전화는 꼭 필수야.'
　그래서 마음먹고 부모님에게 말씀을 드려 휴대전화를 하나 구입할 수 있게 도와달라는 요청을 하였다. 부모님은 확답은 안 하셨지만 일단 휴대전화를 구경하고 오라고는 하셨다.
　원래 입대 전에 쓰던 휴대전화가 있기는 하지만 시간이 오래 지나다 보니 제대로 작동이 되지 않는다. 휴대전화를 구경할 겸 친구와 함께 근처에 있는 전자상가로 갔다.

가장 크게 유행을 타는 게 휴대전화라더니 첫 매장에 가서 본 휴대전화들은 정말 "억" 소리가 나게 하였다. 2년 전 내가 입대하기 전까지만 해도 130만 화소 카메라 폰이 나왔던 게 신선한 충격이었다.

그 당시 휴대전화의 사진이라고 해봤자 100만 화소 이하라 정말 밝은 곳에서 찍어야 보일 듯 말 듯하고 어두운 곳에서 찍으면 아예 형체만 알아볼 수 있을 정도의 수준이었다. 용량도 작아 사진도 100장이 채 들어가지 않았다. 기능도 전화나 문자 말고는 사진을 찍는 게 전부였다.

요즘 휴대전화는 말 그대로 휴대전화 하나로 모든 걸 다 할 수 있다. 우선 휴대전화 안에 모바일 칩을 넣으면 휴대전화를 가지고도 은행 업무를 볼 수도 있고 휴대전화 자체의 용량도 커져 이제는 웬만한 영화 한 편을 저장해 놓아도 될 정도로 많은 사진과 동영상이 저장된다. 화질도 좋아져 디카와 비슷한 수준의 화질을 자랑하는 휴대전화도 있고 MP3만한 용량의 음악파일이 들어가 하루 종일 들어도 음악이 계속 이어지는 휴대전화도 있었다. 이제 휴대전화 하나면 휴대전화 기능은 기본이고 디카와 MP3의 기능까지 모두 들어있어 이제 따로따로 가지고 다닐 필요가 없을 거 같단 생각이 들었다.

휴대전화가 휴대하고 다니는 전자제품이다 보니 요즘에 얇은 제품이 유행이라고 한다. 신기한 것은 두께가 10mm도 되지 않는 휴대전화가 카메라에 MP3기능까지 모두 된다는 것이었다. 10mm는 일반 휴대전화의 배터리 두께보다도 더 얇은데 갖춰야 할 기능은 모두 들어 있으니 우리나라 휴대전화 기술력이 대단하다는 것을 새삼 느꼈다.

그러나 요즘 휴대전화 중에 가장 놀란 제품은 DMB 폰으로 휴대전화로 지상파 방송을 볼 수 있다는 것이다. 배터리가 얼마 가지 못하겠다고 생각했지만, 요즘 배터리도 성능이 좋아져 방송을 2시간을 넘게 보아도 된다는 점원의 이야기를 들었다. 점원에게 DMB로 방송을 보고 싶다고 하였지만 아직 대전에는 서비스가 되지 않는다며 영화를 한 편 보여 줄 테니 그것으로 화질을 평가해 보라고 하였다.

휴대전화에 저장된 파일로 잠시나마 영화를 보았는데 정말 선명하게 잘 나왔다. 이어폰을 꽂아서 음향을 같이 들어봐도 대사가 또렷하게 잘 들렸다. 나중에 사러 오겠다는 말을 하고는 가게를 나가면서 이런 생각이 들었다.

'2년 동안 전혀 생각지도 못하게 휴대전화가 발달했는데 그럼 앞으로 2년 후에는 또 어떻게 변할까?'

정말 빠르게 변화하는 사회가 두렵다.

전자상가에 온 김에 다른 전자제품들을 볼 겸 이번엔 MP3를 전문으로 취급하는 가게로 갔다. 정말 다양한 제품들이 진열대 안에서 서로 자신들을 보아달라며 반짝이는 몸들을 뽐내고 있었다.

입대 전에 MP3는 가지고 있지 않았지만 워낙 음악 듣는 것을 좋아하여 자주 친구 것을 빌려서 시험 기간에 들으면서 공부를 했던 기억이 난다. 그때 MP3의 메모리는 높아야 125MB여서 파일을 아무리 압축을 해서 넣어도 40곡이 채 들어가지 않았다. 그러나 점원에게서 요즘의 MP3에 대한 설명을 들어보니 보통이 1기가이고 높으면 2기가가 넘는 것도 있다고 하였다.

'1기가면 아주 많이 들어가겠네.'

1기가 정도의 곡을 저장시켜서 들으려면 정말 끝도 없겠다는 생각이 들었다.

MP3 가게에서 가장 놀랐던 것은 디카와 MP3가 모두 되는 제품을 보았을 때였다. MP3도 휴대전화처럼 하나의 기능에 또 다른 기능을 접목시킨 제품이 많이 나와 있었다. 요즘 가전제품들은 퓨전이 유행인가 보다.

MP3를 다 구경하고는 이번에는 디카가 있는 매장으로 갔다. 군대에 있을 때 워낙 미니홈피가 인기이다 보니 휴가를 나와서 미니홈피를 하나 만들었다.

미니홈피가 자신을 PR 할 수 있는 좋은 곳이다 보니 자신의 모습을 찍은 사진을 올리는 일이 많아 디카도 이제 휴대용 필수품 중의 하나가 되었다. 디카도 참 여러 가지 다양한 제품들이 많았다.

그중에서도 가장 공통된 점이 크기나 두께가 아주 작고, 얇다는 것이다. 디카도 휴대전화와 MP3처럼 휴대용 기기로 자리를 잡아가다 보니 주머니에 들어갈 정도의 크기로 서서히 바뀌는 것이다. 그러나 크기는 작아져도 화질은 예전보다 훨씬 나아졌고 무엇보다 동영상 기능까지 추가가 되어 2시간 넘게 촬영을 할 수 있다고 한다. 이제 디카가 캠코더의 기능까지 가지게 된 것이다.

2년 만에 보는 신기한 전자제품이 많아서 이참에 생활가전 매장에서 컴퓨터 매장까지 모든 매장을 돌아다녔다.

생활가전에서 본 텔레비전은 2년 전만 해도 슬슬 인기를 끌어가던 LCD TV나 PDP TV가 점점 대중화가 되어가고 냉장고도 양 문을 여닫을 수 있는 대형 냉장고가 인기란다.

컴퓨터 매장에서의 컴퓨터는 이제 가격이 많이 내려가 100만 원 이하로 떨어진 컴퓨터도 많아서 이참에 컴퓨터도 하나 사야겠다는 마음을 가지게 하였다. 우리 집 컴퓨터가 7년 전에 샀을 때가 300만 원 정도였으니 지금 사면 3대를 살 수 있을 정도로 가격이 내려간 것이다.

'컴퓨터 가격의 거품이 사라지니 우리나라 최대의 컴퓨터 회사가 부도가 났지.'

증권시장을 보다가 예전에 우리나라 최대의 컴퓨터 회사가 부도나 관리종목으로 넘어갔다가 이제는 아예 거래가 정지되어 있는 것을 본 적이 있었다. 과거에는 컴퓨터의 거품이 아주 심해서 이득을 많이 봤겠지만, 요즘엔 거품이 많이 사라지자 이익을 못 봐서 부도가 났나 보다.

이 회사를 생각하며 나도 변화에 발 빠르게 움직이는 사람이 되어야겠다는 생각이 들었다.

이곳저곳 구경을 하다가 참 신기한 것을 보고는 발걸음을 멈췄다. 바로 차량용 내비게이션을 파는 곳이었는데 손바닥보다 더 큰 컬러 액정화면에 현재 자신의 위치와 앞으로 갈 곳이 표시되면서 움직일 때마다 위성으로 가장 빠른 길이나 도착 예정시간을 알려 준다고 하였다.

"아저씨., 이거 유료예요?"

위성으로 알려준다고 하여 당연히 한 달에 얼마씩 내는 줄 알았다.

"아니, 무료야. 한 번 사면 계속 무료야. 시간이 지나 길이 변하면 인터넷으로 새로운 지도를 다운받으면 돼."

한 번 사면 계속 무료이고 인터넷으로 바뀌는 지도만 계속 다운받아서 사용하면 된다고 하셨다.

이런 기기면 가격도 비쌀 거 같아서 가격대를 보니 40만 원 이하였다. 이런 기기가 있으면 길을 잃어버릴 염려도 없으니 나중에 차를 사면 꼭 사야겠다는 마음을 먹었다.

기능을 설명해 달라고 하여 내비게이션 안에 있는 기능을 보았다. 가장 중요한 길 안내하는 기능을 보니 현재 자신의 위치를 위성으로 알려주고 자신이 갈 곳의 명칭을 입력하면 그곳에 도착할 때까지 도로를 안내해 준다고 하였다. 명칭을 몰라도 전화번호만 치면 도착할 장소가 나오는 게 너무 신기하였다. 길을 안내하는 기능 말고도 유명한 해수욕장이나 스키장, 유적지 등의 위치도 나왔다. 도착지까지 미리 여행하는 표지가 있어 손으로 터치스크린을 누르니 현재 있는 위치에서 자동으로 길을 따라가더니 최종 도착지까지 가서는 멈추는 것이었다.

"우와. 엄청 신기하네요."

길을 찾아주는 기능에 감탄하고 있을 때 매장 아저씨가 다른 기능도 있다고 하셨다.

터치스크린을 몇 번 누르시더니 이번에는 AV기능이 저장되어 있다면서 내비게이션 안에 저장되어 있던 영화를 잠깐 보여주시는 것이었다. 내비게이션의 화질도 끊기지 않고 잘 나왔다.

영화를 잠깐 보고는 또 다른 기능인 MP3기능을 설명해 주시면서 저장되어 있는 음악을 하나 들려 주셨다. 또렷하게 들리는 음질에 만족을 하며 점점 내비게이션의 매력에 빠져 버렸다.

내비게이션에도 DMB기능이 있어서 지상파 방송을 볼 수 있지만 대전은 아직 서비스가 안 된다고 한다.

이 밖에도 게임기능이나 사진저장기능을 보고는 매장을 나왔다.

정말 오랜만에 보는 첨단기기들로 충격을 받은 하루였다. 고작 2년이란 시간밖에 흐르지 않았지만 휴대전화나 MP3, 디카는 눈부신 발전을 하였고 이제 내비게이션이란 새로운 전자제품이 생겨 운전을 할 때도 길을 잃을 염려가 없는 세상이 된 것이다.

첨단 기기들을 볼 때마다 생각이 나던 '2년 후에는 과연 어떤 제품들이 나올까?' 하는 의문점이 또다시 들었다. 날로 변해가는 사회와 그보다 훨씬 더 빠르게 변해가는 수많은 전자제품. 점점 좋아지고 편해지는 사회인데 나만 자꾸 제자리걸음을 하는 거 같다.

2년 동안 흘러간 시간은 어쩔 수 없지만 앞으로도 우물 안 개구리로만 있지 않고 변해가는 사회에 발 빠르게 대처해야겠다는 굳은 결심을 하였다. 웅크리고 있는 개구리는 언젠가 더 높이 뛰어오르려고 그렇게 있는 거니까.

27. 2년 동안 변한 것들

올해 4월. 정기휴가를 받아서 대전역에 처음 발을 내디뎠을 때 처음 보는 광경을 보고 놀랐다.

대전역 앞에 드디어 지하철이 생긴 것이었다. 부산이야 언제나 돌아다니려면 지하철을 타지만 대중교통은 버스가 유일했던 대전에 지하철이 생기니 기쁘기만 하였다.

지하철이 생긴 기념으로 집까지 지하철을 타고 가야겠다는 마음으로 지하철역으로 들어갔다. 새로 생겨서 그런지 지하철 역 안은 깨끗했고 티켓도 표가 아닌 토큰이 나와 신기해했던 기억이 난다.

입구를 내려가 지하철을 타는 곳까지 모두 에스컬레이터로 연결되어 있었고 지하철이 도착하는 곳에는 스크린 도어가 있어 지하철에 뛰어들어 자살하는 사람이 없겠다는 생각이 들었다. 지하철도

새것이라 안이 깨끗하고 소음도 부산지하철에 비해서 적었다. 다만, 아쉬운 점은 우리 집 바로 앞까지 개통이 안 돼서 역에서 집까지 걸어가는 데 시간을 많이 소비해야 했다.

지하철만 생긴 게 아니다. 버스 환승제나 버스, 지하철 환승제가 시행되어 한 번의 요금을 내고도 버스를 또 한 번 갈아탈 수도 있다고 한다. 대전은 작년에 시행된 거라고 하던데 부산은 올해가 되어서야 버스 환승제가 시행되었다.

최근에 대전 외곽을 나가서 놀란 적이 있었다. 2년 전에 논이던 대전 외곽이 이제는 고층 아파트들이 즐비하게 들어서 있는 것이었다. 이유를 알아보니 이제 행정도시가 충청권으로 이전하기 때문에 대전의 외곽이 서서히 발전하고 있다는 것이었다. 삭막하기만 했던 대전 외곽이 서서히 발전하고 있다니 기분은 좋지만 인구가 계속 증가하면 대전이 장점으로 가지고 있던 잘 안 막히던 교통문제가 심각해질 것 같아서 걱정이다.

바깥에만 변한 게 있는 건 아니다. 집안에서도 변한 것이 많다.

최근에 웰빙 바람이 불어서인지 집에도 웰빙의 바람이 분다. 일단 2년 전에 없던 믹서기가 생겼다. 그 믹서기로 이제 몸에 좋은 야채나 과일을 즙을 내서 마시고 있다.

또 다른 것은 집에 안마기가 생긴 것이다. 서서히 나이가 드시는 부모님이 형과 내가 없어서 등이나 허리를 주물러 주는 사람이 없자 안마기를 샀다고 하셨다. 군대 가기 전에는 나나 형이 주물러 주면 제일 시원하다고 하셨는데 이제까지 기계로 아프신 곳을 안마하신 부모님에게 미안한 생각만 든다.

개인적으로도 변한 게 있다. 2년 동안 군대에 있으면서 변한 것은 드라마를 안 보는 것이다. 군대에 있으면 저녁 10시에 취침을 하기 때문에 드라마를 볼 시간이 없다. 그렇게 자연스럽게 안 보다 보니 전역하고도 드라마는 재미가 없다. 그리고 신기한 게 어쩌다 보는 드라마도 결말이 훤히 보여서인지 보다가 도중에 싫증이 난다.

또 하나 소중하게 변한 것은 바로 개인시간이다. 군대는 24시간 동안 소대, 분대 단위로 모여 있으니 개인시간을 가지기가 어렵다. 그래서 사색을 하거나 독서를 하기가 어렵다.

전역을 해서는 이런 개인시간이 늘어났다. 그래서 그 시간 사색을 하거나 독서를 하여 마음의 양식을 쌓고 감성도 풍부해졌다.

최근 들어 많이 변했다고 생각되는 게 기름값이다. 우리 아버지가 영업부에 있으시다 보니 어릴 때부터 차를 타고 다닌 적이 많다. 90년도만 하더라도 아버지께서 주유소에 가시면 만 원치만 주유해 달라는 말을 많이 들었다. 만 원치를 넣어도 기름의 양을 표시하는 계기판의 바늘이 1/2 정도 올라갔다. 그러던 것이 2000년대 들면서 3만 원어치를 넣어달라고 해야 연료통의 반이 찰 정도로 많이 나게 올랐다. 그리고 내가 입대하기 전에는 기름값이 1,000원대가 넘어섰고 이젠 기름값이 1,500원까지 넘어섰다.

국제 유가도 계속해서 사상 최고치를 기록하고 이제 1배럴에 100달러를 넘을 거 같다는 이야기도 나오고 있다. 기름값이 오르다 보니 물가가 오르고 자연히 대중교통비도 올라 700원이던 성인 승차

권이 800원이 되었고 이제 조만간 900원이 넘는다고 한다. 아무 수입이 없는 나에게는 물가가 오르는 것은 내 경제 활동을 제약하는 독약과도 같은 것이다.

    너무 기름값이 오르다 보니 이제 슬슬 수소자동차가 나올 때가 되지 않았나 하는 생각이 든다. 그런데 수소자동차는 휴대전화나 기타 전자제품이 발전하는 것처럼 그리 간단한 일은 아닌 거 같다. 그래도 언젠가 수소자동차가 나올 거라 믿는다. 혹시 아나. 2년 후에 수소자동차가 나올지.

28. 신선 노름

군대에 들어가기 전에 집에서 가장 편하고 행복하다고 생각했던 순간이 옆에 만화책 몇 권을 쌓아놓고 책을 볼 동안 과자를 먹으며 음악을 듣는 시간이라고 생각했다.

군대를 제대하고 개구리가 된 지금도 그 생각은 변함이 없다. 아무 걱정 없이 너무나 행복한 시간. 그래서 나는 이때를 신선 노름을 한다고 한다.

내가 만화책을 읽을 때는 몇 가지 노하우가 있다.

처음으로 신경 쓸 게 음악. 만화책은 학원폭력만화, 연애만화, 순정만화, 코믹물 등 종류가 다양하기 때문에 그에 따른 음악의 선택도 달라야 한다.

학원폭력만화는 내용이 거칠고 사나이다운 느낌이 있기 때문에 강렬한 록 음악이나 헤비메탈 음악을 들으며 책을 봐야 책의 내용과 분위기가 맞는다.

연애만화나 순정만화는 언제나 말도 안 되게 남자 한 명을 두고 여자가 몇 명씩 짝사랑을 하는 내용이라 솔로인 나의 배를 아프게 하지만 연애행태를 배우고 약간의 야한 그림도 나오기 때문에 왠지 끌리는 장르이다. 이런 책을 볼 때는 발라드처럼 부드러운 음악을 들어야 책을 읽을 때 짝사랑으로 가슴 아픈 장면이나 사랑을 고백하는 장면의 분위기와 알맞다.

코믹물은 말 그대로 생각 없이 웃을 목적으로 빌리기 때문에 그냥 신나는 댄스음악을 틀고 만화책을 본다.

추리만화를 볼 때는 음악은 듣지 않고 과자 먹는 것도 자제한다. 워낙 집중을 해야 하고 머리를 많이 쓰기 때문에 음악을 들으면서 책을 보면 집중을 할 수 없기 때문이다.

만화책을 보면서 음악을 듣는 거 외에도 책을 정독하는 노하우가 있다. 만화책을 한 권 읽을 때 보통 사람들은 30~40분 정도 걸리지만 나는 1시간이 넘게 걸린다. 만화책을 읽으며 대사를 모두 읽는 것은 물론 그림도 세밀히 보면서 책을 본다. 게다가 한 번 읽고 나면 다시 한 번 대략 읽어서 내용을 완전히 파악한다.

또한 책은 꼭 빌려 본다는 것이다. 인터넷에서 찾아보면 쉽게 다운받아서 만화책을 볼 수가 있다. 이건 아마 누군가가 책을 스캔해서 통째로 올린 것인데 그렇게 되면 만화책이 많이 안 팔려 만화책을 만드는 곳이 어려움을 겪게 된다. 나도 만화책을 사서 볼 처지는 않되지만 그렇다고 인터넷에서 다운받아 보는 것도 만화책을 만드는 사람들에 대한 예의가 아닌 거 같다. 그래서 만화책을 빌려서라도 보는데 그래야 만화책방 점주들이 책을 많이 사서 진열해 놓기 때문에 그나마 다양한 만화가 나온다고 믿기 때문이다.

마지막 노하우는 책을 반납하기 전에 또다시 2~3번 반복해서 훑어본다는 것이다. 보통 만화책이 나오는 주기가 2~3개월이기 때문에 반납하기 전 2~3번 봐주어야 나중에 나온 신권을 보았을 때 내용을 연결할 수 있게 기억한다는 점이다.

2년 동안 만화책을 보지 않았기 때문에 새로운 만화책이 많이 나와서 기분이 좋다. 무더운 여름, 밖에 나가기도 짜증이 나서 집에서 배 깔고 누워 만화책을 보는 재미에 푹 빠져 있다.

요즘 가장 감명 깊게 보는 만화책은 40대의 주인공이 자신이 대학생 때의 일을 기억하는 내용을 쓴 만화책이다.

현재 40대의 주인공은 지금 부인이 있지만 대학교 때 사랑하던 사람을 만나면서 예전의 기억을 되살리는 내용인데 주인공의 생각과 내 생각이 일맥상통하는 내용이 많아 공감을 많이 하며 보던 책이다.

특히 주인공이 40대의 자신을 돌아보며 과연 내가 이루어 놓은 게 무엇이 있나 계속 고민하는 장면이 있다. 대학교 다닐 때는 아무 생각 없이 친구들과 놀러 다니고 그러다 사랑하는 여자를 만나게 되고 서로 좋아하지만 마음을 보이지 않고 시간이 흘러 둘이 헤어지고 이젠 서로 다르게 변해 만나서도 어색해지는 장면을 보면서

'나도 20년 후에는 과연 후회 없는 삶을 살고 있을까?' 하는 생각이 들었다. 20년 후에도 이 만화의 주인공처럼 위에서는 상사의 압력을 받고, 밑에서는 유능한 후배들이 호시탐탐 자신의 자리를 노리고 집에서는 부인이 돈을 벌어오라고 닦달을 하는 삶. 과연 나도 그런 삶을 살지 않을까 하는 생각이 든다.

2년 동안 군 생활을 하면서 많은 생각을 하였다. 그중 가장 많은 고민을 하였던 것이 무엇을 해야 앞으로 내가 40~50살이 되어도 후회하지 않는 삶을 살았다 말할 수 있을까 하는 고민이었다.

이제 사회에 발을 내디딘 개구리. 그러나 개구리 앞에는 수많은 난관이 봉착하여 있고 내게 힘이 되었던 동아리 친구들이나 학과 친구들도 이젠 졸업을 하여 사회인이 되어 너무 바쁜 나날들을 보내고 있다. 이제 더는 캠퍼스의 낭만만을 생각하기에는 시간이 너무 많이 지나갔다.

이제 내 운명은 내가 만드는 것이다. 어찌 보면 앞으로 2, 3년 안에 내 인생이 거의 결정된다고 봐야 한다.

만화책을 보고서도 많은 것을 떠올릴 수 있다. 앞으로도 나의 신선 노름은 계속될 것이다. 그리고 그런 만화책 속에서도 진흙 속의 진주처럼 나의 인생에 도움을 줄 만한 생각을 하게 하는 내용을 많이 만나게 될 것이다.

29. 축구

　여자들이 남자들의 이야기 중 가장 싫어하는 것이 두 가지 있다고 한다. 하나는 군대이야기, 다른 하나는 축구 이야기. 그러나 가장 싫어하는 이야기가 군대에서 축구한 이야기란다. 그만큼 군대에서 하는 체육 활동 중 압도적인 부분이 바로 축구이다.
　군대 축구는 말 그대로 전투축구라고 할 만큼 과격하다. 승패에 목숨을 걸다 보니 몸싸움도 심해 경기가 끝나고 나면 다리에 멍이 하나 정도는 들어 있다. 이처럼 힘들고 다치기까지 하는 축구를 왜 그렇게 좋아하는 것일까.
　군대 축구에는 몇 가지 특징이 있다.
　처음으로 군대 축구는 인원수의 제한이 없다는 것이다. 만약 한 소대끼리만 축구를 할 경우에는 22명이 안 되기 때문에 인원이 한 팀에 10명 이하일 때도 있고 소대와 소대끼리 경기를 할 때에는 한 팀에 15명이 넘는 인원이 참여할 때도 있다. 그래서 소대끼리 축구를 하면 인원이 없다 보니 공을 차면 누군가 한참을 뛰어가야 잡을 수 있다.

반면 소대대항으로 축구를 할 때는 워낙 인원이 많다 보니 축구공 하나에 몇 명이 함께 달라붙어 공을 차기보다는 오히려 상대편 다리를 차는 경우가 많다. 그리고 공을 따라다니는 인원이 많다 보니 골이 쉽게 들어가지 못해 전반전이 끝나도 점수는 1점 내지 2점이다.

다음의 특징은 계급별로 포지션이 정해진다는 것이다. 자신이 이등병이나 일병이면 알아서 수비 쪽에 있고 공이 자신에게 오면 무조건 멀리 차야 한다. 그러나 간혹 가다 자신의 실력을 믿고 드리블을 해서 하프라인을 넘어오는 짬이 딸리는 군인이 있으면 그날은 가차 없이 고참들의 갈굼 속에 살아야 한다.

이에 반해 상병들은 미드필더나 공격수를 맡아 골에 직접적인 영향을 끼치고 병장들은 뛰는 게 귀찮아 상대편 골문 앞에서 골키퍼와 잡담을 하다가 골이 패스가 되면 일명 주워 먹기 식으로 골을 넣는다.

마지막 특징은 오프사이드가 없고 간부나 고참이 곧 주심이라는 것이다. 위에서 말했듯이 병장들은 상대편 골문 앞에 있으면서 골키퍼와 잡담을 나눈다. 어떤 때는 골키퍼보다 더 골대 안쪽에 있는데도 오프사이드는 인정이 안 된다. 귀차니즘에 빠진 병장들이 공을 따라 뛰기가 귀찮으니까 상대편 골문 앞에 있다가 알아서 패스해 주는 공으로 골을 넣는 것이다.

간부나 고참이 주심이라는 것은 군대 축구에는 주심이 따로 있는 게 아니라서 그때그때 반칙이나 핸들링이 주어진다. 그러나 엄연히 반칙인데도 간부나 고참이 아니라고 하면 그대로 경기가 계속 진행이 된다. 그래서 계급이 높은 간부가 있는 쪽이 이길 확률이 더 높다.

왕고가 되면 축구하기가 겁난다. 보통 군대 축구도 경기를 하기 전에 내기를 걸고 하는데 꼭 그때마다 왕고들이 먹을 것을 쏘는 것으로 내기가 이루어져 우리 편이 질 경우에는 모두에게 음료나 아이스크림을 사줘야 한다. 한 경기를 할 때 경기를 하는 인원과 응원하는 인원까지 합치면 30명이 넘는데 그런 후임들에게 모두 사주려면 정말 지출하는 비용이 상당히 많이 든다. 그래서 돈이 없는 날에는 이 핑계 저 핑계를 대서 축구 경기에서 빠졌다.

월드컵 시즌이 되면 군대에도 축구의 열풍이 분다. 초등학생들이 축구를 할 때 자신이 유명한 축구선수의 이름을 닉네임으로 하는 것처럼 군대에서도 자신이 호나우두나 지단처럼 유명한 축구선수의 이름을 따서 후임들에게 그렇게 부르라고 시킨다. 그리고 이때가 되면 주말엔 연병장에 축구를 하는 군인들로 꽉 차서 연병장에 빈틈이 없을 정도이다.

최근 월드컵에서 꼭짓점 댄스가 유행했던 적이 있다. 모 이동통신회사 CF를 보면 백마부대가 구보를 하다가 꼭짓점 댄스를 추는 장면도 나오고 백골 부대가 연병장에서 단체로 꼭짓점 댄스를 추다가 동작이 틀린 병사가 알아서 팔굽혀펴기를 하는 장면이 나온다.

우리 부대도 꼭짓점 댄스에서 예외일 수가 없어서 중대별로 꼭짓점 댄스 경연대회를 개최한 적이 있다.

사단장님이 직접 명령한 것이라 대대별로 잘하는 중대를 뽑아서 연대에서 전체적으로 평가를 한 후, 그곳에서도 잘하는 중대는 사단에서 평가를 한다는 것이다. 경연대회를 개최하는 것은 좋은데 그게 또 중대별로 평가가 되기 때문에 꼭짓점 댄스가 그야말로 훈련이었다. 일과가 끝나고 쉬는 시간에도 꼭짓점 댄스를 추기 위해 밖으로 불려 나가서 수십 명이 피라미드 진형을 갖춰 놓고 열심히 연습했던 기억이 난다.

말년 병장이던 나는 짱 박혀서 쉬는 게 낙이었는데 이때는 중대장님도 나와서 지도를 했기에 빠질 수가 없었다. 결국 꼭짓점 댄스를 못 추는 후임들은 나머지 연습을 시킬 정도로 아주 우리를 지겹도록 괴롭혔다. 그땐 김수로 형이랑 CF에 나오던 타 부대 사람들이 어찌나 원망스러웠는지.

꼭짓점 댄스도 즐기라고 만들어졌을 것인데 이것도 군대와 만나게 되면 결국 강제적이 될 수밖에 없다. 그래도 전역해서 생각해 보면 매일 몇 시간이고 연습을 해서 짜증이 났던 꼭짓점 댄스도 이젠 좋은 추억으로 내 기억 속에 남아 있다. 군대 아니면 그런 것을 하루에 몇 시간이고 연습을 할지.

30. 개구리 수다

며칠 전 이젠 졸업하고 직장에 다니는 형한테 호출이 왔다. 나중에 만나서 밥 먹고 이야기나 나누자는 내용이었다.

드디어 약속했던 당일. 학교를 다닐 때 그 형과 자주 만나던 약속 장소에서 만나 간단하게 저녁을 먹고는 학교에서 조용히 이야기할 수 있는 장소로 이동하기 위해 자리를 찾던 중 도서관 옆에 있는 공원이 이야기하기에는 가장 적당한 장소인 거 같아 그곳으로 이동하였다. 마침 그 근처에 있던 또 다른 형이 잠깐 우리가 있는 장소로 온다고 해서 올 때까지 간단한 이야기를 하였다.

"전역하니까 기분이 어때?"

역시 최근에 전역을 하였기 때문에 생각해 두었던 질문이라 준비해둔 대답을 해드렸다.

"처음엔 기분이 좋았는데 지금 와서는 어떻게 지내야할지 막막하네요."

솔직한 내 심정을 말하자

"형도 처음에는 그랬어. 그래도 너무 미래에 대해서 조급하게 생각하지 말고 천천히 생각해. 넌 아직 졸업하려면 시간도 많이 남았잖아."

나하고 6살 차이인 이 형은 내가 입대하던 해에 졸업을 하여 이제는 한 중소기업 과장의 자리까지 올라갔다. 학교 다닐 때도 누구보다 친해서 가끔 고민을 말하던 형이라 이야기를 하면서도 마음이 편했다.

"형은 일하기 힘들지 않아요?"

이번엔 내가 먼저 물어봤다.

"직장인이 다 힘들지. 그래도 사회인이 되니까 책임감도 커지고 내 할 일이 있다는 자부심도 있어서 일할 때마다 보람을 느끼지. 이게 나의 천직인 거 같아."

자신이 하는 일에 많이 만족하는 형의 모습을 보고는 왠지 나도 기분이 좋았다. 그렇게 이야기를 주고받고 있을 때 근처에 있던 또 다른 형이 도착하였다.

"너 진짜 오랜만이다. 졸업식에서 한 번 보고는 2년 후에 처음 보네. 전역 축하한다."

원래 졸업하고 타지에 있던 형이라 군대에 입대하기 전에 전화로만 입대를 한다는 이야기를 하고 휴가를 나와서도 한 번도 만나지 못했던 형이다. 그런데 최근에 직장을 옮겨서 다시 대전으로 왔다고 하셨다. 그 형도 학교에 다닐 때 많이 도와줬는데, 특히 저녁을 못 먹었으면 저녁을 사주시고, 차가 끊겨서 집에 못 가면 피곤하실 텐데도 직접 우리 집까지 차를 태워줄 정도로 나를 많이 챙겨주던 형이었다. 그 형은 지금은 병원에서 일하신다고 했다.

이렇게 좋아하는 형들이 2명이나 있으니 이야기하는 것도 즐거웠다. 막 학창시절에 있던 에피소드나 최근에 일하고 계시는 경향을 들어보다가 문득 이런 질문을 하였다.

"형들은 전역한 후에 기분이 어땠어요. 시간 아깝다는 생각은 들지 않았어요?"

두 분 다 이제 개구리가 된 지 6년이 넘어 예비군 훈련도 이제 다 끝났다. 병원에 다니는 형은 현역 때 육군본부에 계셨고 중소기업에 다니는 형은 1군사령부에서 보안업무를 보셨다.

"물론 처음에는 시간이 아깝다고 생각했지. 나도 너처럼 군대에서 전역해 학교에 복학하니 동기들은 다 졸업하고 그나마 나와 같이 복학했던 동기들도 몇 명 되지 않았어. 같이 수업 듣는 학생들도 나보다 3살이나 어린 동생들이었고. 그러나 시간이 지나니까 서서히 친해지고 군인정신이 남아 있어서인지 공부도 열심히 해서 학점도 잘 나와 장학금도 받았어. 너도 알다시피 남자가 군대를 갔다오면 많이 변한다고 하잖아. 오히려 군대를 면제받고 어영부영 2년을 학교 다니다 졸업하는 것보다 군대에서의 경험과 생각을 바탕으로 자신의 인생을 설계하고 더 열심히 살아가는 게 가장 큰 이득이 아닐까?"

병원에 다니는 형의 대답에 중소기업에 다니는 형도 덧붙여 말씀을 해주셨다.

"지금 네가 미래에 대해 혼란을 겪고 있는데 너무 미래에 대해 걱정하지 마. 군대에서 유격을 받을 때도 안 되는 건 없다고 하잖아. 그것처럼 사회에서도 안 되는 일은 없어. 다만, 네가 얼마나 남보다 더 노력하고 얼마나 준비하느냐에 달렸지."

잠시 동안 생각에 잠겼다. 난 이제 군대에서 전역해 아직 몰랐지만 군대를 전역한 지 6년이나 된 형들은 군대에 있을 때의 생각과 몸가짐이 사회에 나와서도 크게 도움이 된다고 하셨다. 3명의 개구리는 이후에도 더 많은 이야기를 나누다 다음에 만날 것을 기약하며 아쉬운 이별을 하였다.

집에 돌아오는 길에 형들이 한 이야기를 다시 한 번 생각해 보았다.

'지금은 눈에 보이는 게 없어서 군 생활을 한 시간이 아깝다고 생각되지만 나중에 생각해 보면 군대에 갔다 온 경험이 많은 도움이 되었다고 느끼겠지. 너무 조급하게 생각하지 말자.'

남자는 군대에 갔다 오면 많은 것이 변한다고 한다. 그게 눈에 보이지는 않지만 나중에 많은 도움이 되었다고 느낄 때가 언젠가는 찾아올 것이라는 생각을 하며 차창 너머로 보이는 야경을 구경하며 생각을 정리하였다.

31. 악천후

이번 달 월요일에 공휴일이 끼어 있어 3일을 연속으로 쉬는 황금연휴 기간이었다. 이런 기회를 놓치지 않고 동아리에서는 이번 연휴에 서해안으로 1박2일 일정으로 놀러 가기로 하였다.

전역을 한 후 퇴행성관절염과 허리 통증을 치료하려고 꾸준히 다닌 수영과 하루에 두 끼만 먹는 식습관으로 말미암아 몸도 어느 정도 근육질로 변해 이번에 바닷가로 가는 것이 은근히 기대가 되었다.

이번에 참여하는 인원은 총 20명 정도로 졸업한 사람들이 대부분이었지만 그나마 아직 학생인 아이들도 몇 명 있어서 2년 동안 휴가 때만 봐야 했던 후배들을 볼 좋은 기회였다.

놀러 가기 전까지 준비할 것이 참 많았다. 일단 인원이 20명이다 보니 차량문제도 있었고 끼니마다 무엇을 먹어야 할지 고민이 되는 끼니문제도 있었다. 또한 큰 천막을 쳐서 잠을 자기 때문에 넓은 공터도 필요하였다.

1주일 전부터 준비한 계획이라 차는 직장인들이 가지고 있는 차를 모두 동원하는 것으로 해결하고 끼니는 여자들이 많은 관계로 식단을 짜서 재료만 준비하면 가서 밥을 해준다고 하여 어느 정도 해결이 되었다. 천막을 칠 공터는 바닷가에 동아리 선배의 집이 있다고 하여 그 집 근처에 천막을 치고 샤워나 화장실은 선배네 집에 있는 시설을 쓸 수 있는 것으로 하여 모든 준비가 끝났다.

이제 출발할 날짜만 기다리고 있는데 계획하던 날짜가 다가올수록 자꾸 일기예보에서는 불안한 정보들만 들려오는 것이었다. 이번 연휴 때는 장마전선이 우리나라에 걸쳐 있어 많게는 200mm가 넘게 비가 쏟아질 것이라고 한다.

1주일이나 준비하였던 계획이 물거품이 되지 않기를 바랐다. 이번에 20명이 넘는 인원이 같이 놀러 가는 것도 2년 만에 처음이고 이제껏 졸업해서 보지 못한 선배들이나 동기들도 볼 기회라 제발 비가 오지 않기만을 바랐다.

그러나 나의 기대와는 달리 토요일부터 쏟아지던 비가 강원도와 경기도에 큰 피해를 주고 장마전선이 중부지방으로 내려온다고 하여 서해로 놀러 가는 것은 취소가 되었다.

쏟아지는 소나기를 보며 집에서 가만히 있다가 문득 이런 생각이 났다.

'지금 군대에 있는 군인들은 과연 무엇을 하고 있을까?'

내가 있던 부산도 바닷가여서 날씨가 아주 많이 신경 쓰였다. 특히 매복을 가는 날이면 그 전날부터 일기예보에 신경을 집중하였다. 매복을 갔는데 비나 눈이 내리면 그날 매복은 완전히 비 맞은 생쥐 꼴이 되는 것이라 비가 온다는 일기예보가 뜨면 성능이 좋은 우의를 챙겨가서 그나마 비 피해를 덜 입으려고 안간힘을 썼다.

여름에는 장마철이 있다. 그리고 태풍도 올라온다. 정말 비를 맞으며 매복을 서는 것은 지옥 같았다. 하늘에서는 비가 내리고 바다에서는 파도가 튀겨 우리가 있는 매복지까지 날아오는데 도망가지도 못하고 매복이 끝날 때까지 물을 맞으며 매복을 서고 있으면 서러운 생각도 많이 났다.

'내가 왜 이런 곳에서 이렇게 비을 맞으며 매복을 서야 한담.'

그렇게 비를 맞으며 있다 매복이 끝나고도 정리할 것이 한둘이 아니다. 일단 젖은 전투복이나 속옷을 빨아서 말리고 전투화도 말려야 한다. 그러나 전투복 여벌이 2벌인 데다 장마철이라 옷도 쉽게 마르지 않아 어떤 때는 젖은 전투복을 그대로 입어야 할 때도 있다. 물에 젖어서 냄새가 나는 옷을 그냥 입고 있으면 그 눅눅한 느낌이란 설명할 수가 없다. 안 입어본 사람은 모른다.

전투화도 말리는 데 며칠이 걸리지만 신병교육대 때부터 지급되는 전투화는 두 켤레이기 때문에 평상시에 입던 B급(A급, B급은 그 물품의 상태를 나타냄. A급이 가장 좋은 것임) 전투화를 말리는 사이 휴가 때만 신는 관계로 언제나 뻣뻣한 A급 전투화를 신고 다녀야 하는 불편이 있다.

여름에는 비가 오지 않아도 모기와 무더위 때문에 매복 서기가 힘들다. 오죽하면 매복을 서다가 아무 생각 없이 목 부분을 손으로 때리기만 하면 모기가 죽어서 손바닥에 붙어 있을 정도다. 게다가 해안가에 있는 모기들은 억세기로 유명한 산모기이기 때문에 전투복을 뚫고도 피를 빨아댄다. 매복이 끝나고 복귀를 하면 온몸에 모기가 물린 자국이 수두룩하다.

겨울에도 매복을 서는 게 힘든 건 마찬가지이다. 겨울에는 추위와 졸음이 가장 큰 문제인데 평상시 기온이 영하권인데 바다에서 부는 찬 바람까지 맞으면 체감온도는 많이 떨어진다. 아무리 껴입어도 춥기만 한 겨울 매복 때는 동상에 걸리지 않게 몸을 수시로 움직여 줘야지 그러지 않으면 발처럼 심장에서 먼 부분은 동상에 걸려 발가락을 잘라내야 하는 경우도 생기게 된다. 또한 겨울에는 밤 시간이 길어 매복시간이 그만큼 길어진다. 많은 날은 하루에 10시간을 설 때도 있는데 한 번 생각해 보라. 냉장고에 10시간 동안 가만히 앉아 있으면 과연 어떨지.

겨울에는 이런 것 말고도 눈이라는 복병이 있다. 매복을 서다가 눈이라도 오면 복귀할 때 땅이 미끄러워 다치는 경우가 많다. 그래서 수시로 바뀌는 해안가 날씨가 원망스럽다.

문득 예전에 매복을 하던 기억을 떠올리다가 피해 상황을 보기 위해 텔레비전을 켰다. 그곳에는 이번에 피해가 심한 강원도와 경기도의 상황을 보여 주었는데 피해가 심한 곳에서는 언제나 볼 수 있었던 것이 바로 군인이다. 피해복구를 위해 열심히 민간인들을 도와주는 군인이 며칠 전까지만 해도 군인이었던 내가 보기에도 참 든든해 보였다.

여름이나 겨울이나 언제나 악천후 속에 나라가 피해를 입으면 묵묵히 와서 민간인들을 도와주는 군인들이 참 대단하다.

지금도 묵묵히 비를 맞으며 매복이나 근무를 설 군인들이 생각난다. 무엇보다 내가 겪어봐서 얼마나 힘든지 아는 악천후 속에서도 꿋꿋이 매복이나 근무를 서는 우리 국군들 때문에 우리 국민이 편하게 두 다리 쭉 뻗고 잘 수가 있는 것이다. 자신의 일을 묵묵히 하며 대민지원도 하는 우리의 국군, 참 자랑스럽다. 부디 전역하는 그 날까지 몸 건강히 있었으면 좋겠다.

32. 연예 병사

　내가 입대할 쯤에 연예인이 병역을 기피하는 사건이 일어났는데, 그 후 많은 연예인이 군대에 입대하게 되었다. 입대하는 인원들도 늘어나 가수, 영화배우, 개그맨 할 것 없이 다양한 장르의 연예인들이 입대를 하게 되었다.
　그러나 이들의 공통점은 처음에는 일반 부대에 배치를 받았다가 나중에는 연예 병사로 빠진다는 것이다. 연예 병사가 자신의 특성을 살려서 외지에 있는 부대에 가 사기를 북돋워 준다든지 여러 행사에 군 이미지를 좋게 심어줄 수 있다는 장점이 있지만, 요즘 연예인들은 무조건 연예 병사로만 빠지다 보니 현역으로 복무하며 밤낮 고생하는 병사들은 그저 자신의 처지만을 한탄할 뿐이다.
　최근에 한류열풍에도 한 몫을 한 영화배우가 자진해서 전방부대에 입대했다가 본의 아니게 의가사 전역을 한 일이 있다. 그 일 때문에 여러 의견이 나오던데 나는 그 영화배우가 대단하다고 생각했다.

해외까지 유명해진 영화배우면 당연히 편한 연예 병사로도 빠질 수 있는데 가장 힘들다는 전방 GOP 부대에 자진 입대했다는 각오가 대단하였기 때문이다. 텔레비전에 살짝 얼굴을 비추어도 연예 병사로 빠지려고 하는 일부 연예인에 비해 아주 대단한 결심이었기 때문이다. 그런 결심에도 불구하고 의가사를 한 것이 못내 아쉽다. 부디 빨리 나아서 연예계로 다시 복귀했으면 좋겠다.

군대는 자신의 특성을 살려준다고 하여 연예 병사 말고도 여러 특기병을 만들어 사회에서 익히던 재주를 군대에 가서도 써먹을 수 있도록 하였다.

나는 학교를 다닐 때 보건학을 이수하였기 때문에 이등병 때 의무병을 지원하였던 일이 있었다.

입대를 하기 전에는 그저 입대를 하면 자신의 특기를 살려 부대가 정해지는 줄 알았지만 일명 뺑뺑이를 돌려서 무작위로 부대를 배치하는 것이었다. 의무병은 입대 전에 지원을 해야 한다는 걸 몰랐기 때문에 어쩔 수 없는 결과라고 생각하였지만 의무병을 지원하기로 마음먹은 계기가 생겼다.

의무병을 지원하기로 마음먹은 사건은 자대에 와서 의무병을 보고는 기가 막혔기 때문이다. 우리 부대에 있던 의무병은 일반 대학 법학과에 다니던 병사로 그저 신병교육대에서 뽑혀 의무병 교육을 받고는 이곳에 와서 의무병을 한다고 하였다.

1년 반 동안 보건학 계통을 공부한 사람은 그저 전투중대로 가서 공용화기를 다루는 병사가 되었는데 그저 평범한 대학 법학과에 다닌 병사가 차출이 되어 의무병 교육 몇 주를 받고 의무병이 되었다는 사실이 과연 특기를 최대한 살려준다는 군대가 맞는지 하는 의심이 들었다.

내가 가장 잘할 수 있는 게 의무병이라고 생각해서 연대장님에게 의무병으로 특기를 변경할 수 없겠느냐는 질문의 편지를 썼었다. 이미 학교에서 보건학 계통을 1년 반이나 공부한 데다 5분 전투 대기조 의무병을 하고 있던 때라 의무병을 해도 별 지장이 없겠다는 생각이 들었다. 또한 나에게도 군대에 있으면서 전공과목과 연관되는 공부를 할 수 있어 전역한 후에도 학교 공부에 도움이 될 것 같다는 생각도 들었다.

그러나 연대장님으로부터 온 답장은 병 특기를 바꾸려면 사단장님의 허락이 있어야 하니 조금만 기다리라는 것이었다. 그 후 병 특기가 바뀌기만을 기다렸지만 결국 전역할 때까지 연락은 오지 않았다.

지금도 군대에 가면 자신의 특기를 최대한 살릴 수 있다고 한다. 그런데 그런 특기를 살려서 군 복무를 하고 있는 사람이 과연 몇 명이나 될지 궁금하다. 그저 신병교육대에서 무작위로 주어지는 군 특기가 전역할 때까지 바뀌지 않으니 군 복무를 하면서 자신의 특기를 오히려 잊어버리게 돼 나처럼 전역을 해서는 학교에 복학할 때까지 많은 시간을 노력해야 하는 일이 생긴다.

연예 병사는 그저 텔레비전에 몇 번 출연했다고 국방부에서 알아서 모시고 가는데 대다수의 평범한 병사들은 자신의 특기를 살리지도 못하고 그저 2년이란 시간을 보내고 있다.

국방부에서는 조금 더 신경을 써서 병사들의 특기를 최대한 살려준다면 군대는 병사들이 사회에서 배운 특기를 그대로 쓸 수 있으니 일의 효율이 좋아질 테고, 병사는 사회에서 배운 특기를 군대에 와서도 쓸 수 있어 실력이 그만큼 더 늘어나기 때문에 전역할 때쯤이면 특기가 더 향상돼 있을 것이다.

신병교육대에 있을 때 받은 특기를 바꾸려면 사단장님의 허락까지 받아야 하는 군대. 이런 곳이 과연 병사들의 특기를 살려주는 곳인지 의문이 간다.

33. 욕심

　인천에서 학교를 다니던 형이 방학이 되어 집으로 내려왔다. 처음 집으로 내려와 열심히 하는 공부가 바로 토익공부다. 요즘 토익점수가 낮으면 졸업을 하기가 어렵고 취직도 잘 안 된다고 하여 본의 아니게 나도 토익공부를 하고 있다.
　그런데 요즘 대학생들이 토익을 공부하는 이유가 토익점수가 높아야 낮은 취업률을 뚫고 원하는 곳에 취직을 할 수 있기 때문이라고 한다. 그러고 보면 최근에 책방에 가서 보니 토익 책들이 베스트셀러 상위권에 있는 것을 본 적이 있었다. 이제 토익점수가 낮으면 자신이 원하는 곳에 취직을 못 하는 시대가 온 것이다.
　그러나 다른 쪽으로 생각해 보면 토익점수를 잘 받으려고 노력하는 것은 자신이 원하는 곳에 취직을 하려는 욕심 때문이다.

사회에 나와서 본 사람들은 저마다 욕심을 위해 발버둥을 치는 모습을 보이고 있다.

군대라는 곳은 특수집단이기 때문에 모두가 쓰는 것이 똑같다. 잠을 자는 곳도 똑같고 옷도 똑같고 먹는 밥의 종류도 똑같다. 어떤 병사가 자신은 똑같은 것이 싫다고 잠도 따뜻한 사제 솜이불을 덮고 자고 옷도 통풍이 잘 되는 사제 옷을 입고 밥도 짬 밥은 싫다며 삼겹살 같은 사제음식을 먹을 수 있으랴.

군대는 심지어 휴지나 치약, 칫솔, 비누까지도 똑같고 한 달에 한 번 받는 월급도 계급에 따라 약간의 차이는 있지만 거의 비슷하게 받는다.

모두가 똑같은 것을 쓰다 보니 군대의 가장 큰 특징은 물질적인 욕심이 적다는 것이다. 병사들 중에 예외로 A급 물품들만 찾는 병사들도 있지만 남들보다 조금 더 좋은 것을 쓴다고 군용물품이 얼마나 더 좋을지. 모두 도토리 키 재기밖에 되지 않는다.

그래서 군대에 있으면 몸은 힘들지만 마음만은 편하다는 말이 있다.

지금 사회는 너무나도 자신들의 이익만을 위해 살아간다. 남보다 더 좋은 자리에 올라 더 많은 것을 얻으려고 하고 남이 나보다 잘하면 남을 헐뜯어 자신보다 더 낮추려고 한다.

이제 갓 개구리가 된 나도 이런 욕심에 물들지 않을까 걱정이 된다. 사회에 있으면 자신의 가치를 올리기 위해 욕심을 부려야 하지만 남들을 헐뜯고 짓밟으면서까지 욕심을 채우지 않을까 걱정된다.

군대에서는 아무리 배고파도 서로 건빵 하나라도 나눠 먹는 일이 있다. 40km 완전군장 행군 때도 서로 힘들 텐데 너무 힘들어하는 전우의 짐을 자신이 대신 받아서 한 명의 낙오자도 없이 무사히 행군을 마친 기억도 난다.

자신만 편하면 된다는 욕심을 부리는 것이 아닌, 서로 돕고 서로 생각하는 마음을 가졌던 군대시절의 마음가짐을 생각하며 이제 험난한 파도가 치고 바람이 부는 사회에 발을 내디뎌야겠다.

34. 침대형 막사

　최근의 막사는 많은 인원이 한 공간에 있는 침상형 막사에서 개인적인 공간이 많아진 침대형 막사로 서서히 변해가고 있다.
　1년 동안 침상형 막사에서 생활하고 나머지 1년 동안 침대형 막사에서 생활하였기 때문에 그 두 공간의 장단점을 비교해 보겠다.
　우선 침상형 막사. 침상형 막사는 현재도 대부분의 부대에서 쓰이고 있는 것으로 한 개의 내무실에 많게는 소대단위(20명 이상)의 인원이, 적게는 2개 분대(15명 정도)의 인원이 지낼 정도로 한 공간에 많은 인원이 생활한다. 자는 곳 또한 일석점호가 끝나면 매트리스를 펴고 그 위에 모포나 포단을 한 장 깔고는 나중에 잘 때는 모포나 침낭을 덮고 잔다. 자는 자리는 자신의 관물대 밑에 침구류를 넣는 공간이 잠자리여서 그곳에서 침구류를 꺼내서 펴고 일어나면 그곳에 침구류를 개서 넣어 둔다.

대부분의 침상이 가운데 복도를 중심으로 양옆으로 길게 나 있기 때문에 청소를 할 때면 일병 2명이 각각 한 개의 침상을 맡아 닦는데 침상의 길이가 많이 길어서 여름에 청소를 하고 나면 몸에서 땀이 줄줄 난다.

많은 인원이 한 장소에 있다 보니 짬이 딸릴 때는 고참의 눈치를 보느라 행동이 조심스럽다. 내무실에서 잘못된 점을 고참에게 지적을 받으면 그 잘못한 점을 다른 고참들이 나중에 혼내기 때문이다.

이등병 때와 일병 때 쓰던 침상형 막사가 창고를 개조하여 만든 것이라 여기저기 구멍 난 곳이 많아 여름에는 모기들이 내무실을 누비고 다니고 겨울이면 찬바람이 불어 감기에 걸리기 일쑤였다.

화장실도 막사에서 떨어진 곳에 있었는데 시골에서나 볼 수 있는 퍼세식 화장실이라 화장실 청소를 담당하면 역겨운 암모니아 냄새 때문에 청소를 하고 나면 머리가 어지러웠던 일이 많았다.

세면장도 막사에서 조금 떨어진 야외에 있었는데 여름에 목욕을 하려고 한 번 물을 뿌리면 모기들이 도망갔다가 다시 달려들어 피를 빨 정도로 씻는 게 여간 불편한게 아니었다. 겨울에는 뜨거운 물을 얻기 위해 연탄난로를 가열하였는데 연탄을 갈다가 깨 먹으면 몇 시간이고 난로 앞에서 매캐한 연기를 맡으며 불을 때야 했다.

겨울엔 난방을 해주는데 내무실 한쪽에 기름 난로가 있어서 그 근처만 따뜻하고 다른 곳은 찬바람이 쌩쌩 불어 잘 때는 서로 부둥켜안고 자야 했다. 그야말로 침상형 막사는 살기가 지옥 같은 곳이었다.

반대로 침대형 막사는 정말 천국이었다. 거액을 투자하여 만들어진 침대형 막사는 우선 내무실에 한 개의 분대만 들어가기 때문에 개인적인 공간이 많다. 거기다 각자에게 침대가 주어지기 때문에 자면서도 주변사람의 뒤척임 때문에 깨는 일이 없었다.

화장실이나 세면장도 모두 한 건물에 있어 이용하기 편했는데 일단 화장실은 모두 수세식에 대변기도 좌변기이다 보니 일을 보기가 훨씬 수월하였다. 세면장은 세면기와 샤워기가 한곳에 달린 구조라 세면, 세족하기가 편했고 무엇보다 목욕탕이 따로 있어 목욕을 하고 싶으면 절수기가 달린 샤워기로 목욕을 하였다.

겨울에도 뜨거운 물이 나와 연탄으로 따뜻해지기만을 바랐던 예전의 세면장과는 달리 목욕탕에서 따뜻한 물로 목욕을 할 수 있었다.

텔레비전을 볼 때도 침상형 막사는 1개의 텔레비전을 수십 명이 보기 때문에 오직 채널 선택권은 왕고에게 있었지만 분대형 침대형 막사에는 각각의 내무실에 텔레비전이 있어 더욱 많은 인원이 채널 선택의 기회가 있었다. 침상형 막사에서는 이등병이 리모컨을 만지는 것은 꿈도 꾸지 못할 일이지만 침대형 막사에서는 고참들이 텔레비전을 보지 않으면 이등병이 스스로 켜서 볼 수도 있다.

그러나 이처럼 편한 침대형 막사에도 가장 큰 단점이 있다. 그것은 서로 이기주의가 심해진다는 것이다.

군대 오기 전 20년 동안 핵가족에서 살다 보니 많아야 자신과 형제가 1명인 집안에서 자란 요즘 청년들은 어릴 때부터 가지고 싶은 물건은 쉽게 가져서인지 이기주의가 심하다. 그러나 군대라는 집단은 단체로 생활하기 때문에 이기주의가 결코 용납이 되지 않는다. 따라서 군대가 요즘 청년들의 이기주의를 없애고 서로 협동심을 기를 수 있는 좋은 곳이다.

한 내무실에 한 개 분대의 적은 인원만 있으면 후임들은 자기가 하고 싶은 대로 한다. 침상형 막사는 수십 명의 고참들이 있기 때문에 눈치를 보며 조심스럽게 행동하지만 침대형 막사는 고참들이 적기 때문에 자신의 분대 고참들과 친해지면 내무실에서도 눈치 보지 않고 자신이 하고 싶은 대로 마음껏 한다.

오죽하면 이런 말이 있다. 전쟁 시 분대장이 '돌격 앞으로' 하면 분대원들이 분대장의 말을 따라 총알이 빗발치는 목표를 향해 돌격을 해야 하지만, 요즘 군인들에게 '돌격 앞으로' 하면 위험한데 뭣하러 가느냐고 반박할 군인이란다.

군대에서는 상관의 명령을 따라야 하고 더군다나 전쟁 시에는 죽더라도 명령을 따라야 하지만, 요즘 군인들은 자신이 위험한데 뭣하러 분대장의 말을 따르느냐는 내용의 말이다.

이런 것과 비슷한 말로는 6·25전투 때 자신의 목숨을 걸고 작전에 참여하면서 유명한 말이었던 "위험하니 내가 간다."는 말을 인용한 "위험하니 네가 가라."는 말이 있다. 이처럼 요즘의 군인들은 군대에 가도 자기 이기주의가 심해진다는 것이다.

추운 한겨울에는 서로 부둥켜안고 자며 서로 체온을 느끼고 청소나 축구를 할 때도 한 소대가 똘똘 뭉쳐서 참여했던 침상형 막사의 전우애가 지금은 서로 등 돌리며 자고 작업을 할 때는 자기 분대가 조금이라도 어려운 일을 맡으면 거절을 하거나 불만을 가지는 요즘의 침대형 막사의 전우애보다 더 끈끈했던 거 같다.

 군대는 공동체적인 삶을 배우는 아주 중요한 곳이다. 그러나 그런 장점마저도 요즘의 신세대들 개인공간을 위한다는 이유로 침대형 막사로 변하여 이기주의가 아직도 계속 남아 있다면 정말 문제다. 만약 전쟁이 나서 전쟁터에 참여하는 병사들 중 침대형 막사에서 이기주의만을 배우고 지낸 장병이 과연 자신의 전우를 위하고 나라를 위해 목숨을 걸고 싸울지 의문이다.

35. 다용도 물건

군용물품이 안 좋다는 말이 있다. 그러나 군용물품 중에도 사회에 가지고 나와도 쓸 수 있을 정도로 품질도 좋고 다용도인 물건들이 있다. 그중 대표적인 게 깔깔이와 고무링이다.

깔깔이의 정식명칭은 방산내피인데 앞에서도 말했듯이 군대 안에서 정식명칭을 쓰는 게 얼마나 될는지. 깔깔이는 개그프로그램인 '동작 그만' 이란 코너에서 병장이 다른 계급의 병사와는 달리 황토색 상의를 입고 나오는 걸 볼 수 있는데 그것이 깔깔이다. 겨울에 위에 깔깔이만 입고 다닌다는 것은 짬이 많이 찼다(계급이 매우 높다)는 것을 뜻하기도 한다.

깔깔이 안에는 솜으로 채워져 있어 무게가 가볍지만 보온성은 탁월하여 군인들의 많은 사랑을 받는다. 깔깔이의 원래 용도는 겨울에 전투복을 입고 그 위에 깔깔이를 입고 다시 야상을 입음으로써 몸을 따뜻하게 보온하기 위한 용도이지만 그 외에도 다양한 용도가 있다.

우선 보온성을 이용해 겨울에도 입고 자면 따뜻하기 때문에 잠옷으로 입고 자는 경우가 있다. 또한 푹신함 때문에 베개가 없을 때는 베개로도 이용하거나 추운 곳에 앉을 때는 방석으로도 이용할 수 있다.

겨울에 작업을 할 때에는 추워도 움직이는 데 불편을 겪기 때문에 작업복을 간편하게 입는데 작업복을 깔깔이로 입으면 가볍고 활동성이 좋아 최고의 작업복으로도 쓰인다. 깔깔이는 전역을 할 때 집으로 가져 올 수도 있는데 겨울에는 집에서 입기 편한 실내복으로 딱 맞을 거 같다.

또 다른 다용도 물건인 고무링은 전투복을 입고 전투화를 신으려면 전투복의 밑단이 전투화 밑창까지 내려오기 때문에 전투화가 보이도록 전투복의 밑단을 말았을 때 고정해주는 게 원래의 용도이다.

고무링은 고무처럼 탄력이 있기 때문에 탄력을 이용하는 용도로 많이 쓰인다. 우선 훈련을 할 때 비가 오면 우의를 챙겨야 하지만 마땅히 넣고 다닐 데가 없어서 탄띠에 결속을 시킨다. 이 때도 고무링 하나만 있으면 우의를 탄띠에 매서 떨어지지 않게 해 다닐 수 있다. 우의 말고도 야삽을 매는 경우도 있는데 군대에는 공격형 단독군장이라고 하여 탄띠에 야삽까지 결속하고 소총을 가지고 있는 것을 말한다. 이 때도 야삽이 뛰어다닐 때 흔들거리지 말라고 고무링으로 고정해 주면 뛰어다녀도 야삽이 흔들거리지 않아 신경을 쓰지 않아도 된다.

고무링은 훈련 외에도 빨래를 널 때도 사용되는데 깨끗이 빤 빨래를 건조대에 널다가 빨래집게가 모자라면 고무링을 이용해 빨래를 건조대에 고정해서 말릴 수 있다.

고무링은 게임기능도 있어 막대기 2개만 더 있으면 새총도 만들 수 있는데 고무링을 몇 개 더 뭉쳐서 새총을 만들면 생각했던 것보다 돌멩이가 위력적으로 멀리 나간다.

고등학교 때 특허를 출원한 적이 있다. 정확히 말하면 신용 신안을 두 건 출원하였는데 발명을 할 때 가장 중요한 것이 사물을 달리 보는 시점이라고 들었다. 예를 들어 한 가지 물건이 있는데 그것에 만족하고 아무 생각 없이 쓰는 사람은 절대 발명을 하지 못하지만 그 물건이 조금이라도 불편하다고 생각하거나 이 물건을 다른 용도로 쓸 수도 있다는 생각을 하는 사람이 발명을 잘 한다는 이야기다.

그러고 보면 군인들은 한 가지 물건을 가지고 여러 용도로 사용을 하니 군인들처럼 생각을 하면 왠지 발명을 더 잘할 수 있을 것 같다는 생각이 든다.

하찮은 깔깔이와 고무링을 보고서는 이런 생각이 든다.

깔깔이와 고무링도 처음에는 한 가지 용도만을 위해 만들어졌지만 그것을 쓰는 사람들에 의해 여러 용도로도 쓰일 수가 있는 것이다.

누군가 그러던데 사람은 다듬어지지 않은 다이아몬드와도 같다고 한다. 그리고 그런 사람을 다듬는 것은 자신의 마음가짐이라고 한다. 자신을 계속해서 개발해야 값어치가 나가는 다이아몬드가 되지만 개발하지 않고 내버려 두면 그저 한낱 돌덩어리에 지나지 않다.

2년 동안 세상물정 모르고 지내온 개구리이지만 이제부터라도 조금씩 자신을 개발해 간다면 언젠가는 사람들이 알아주는 다이아몬드가 되지 않을까라는 생각이 든다.

노력은 결코 자신을 배신하지 않는다는 말처럼 노력만이 이 험난한 세상을 헤쳐 가는 빛이 될 것이다.

36. 우연

　원래 우연이란 것을 잘 믿지는 않는데 살면서 우연적인 일이 몇 번 있었다.

　사회에 있을 때 우연적이라고 생각되었던 사건이 형이 대학에 들어갔을 때이다. 형이 당시 고3이던 시절이고 내가 고2던 시절이다. 이제 수능이 며칠 남지 않았던 어느 날 형은 나에게 얼마 후 교육방송에서 대학교 입학처장들이 나와서 각 학교의 입학제도에 대해 알려주니 잘 듣고 나중에 알려달라고 하였다.

　1년 후면 고3이 되기 때문에 형 말을 듣고는 그 방송이 나온다는 시간에 채널을 교육방송에 맞춰 놓았다.

　대학교들의 입학 제도를 알려준다는 그 방송에는 유명한 대학인 SKY대학의 입학처장들뿐 아니라 몇 개의 대학교 입학처장들이 나왔는데 그중에 인천에 있는 대학교의 입학처장도 있었다.

당시 프로를 보며 비전이 있을 것 같은 인천에 있는 대학을 보고는 우리 형도 그 대학교에 가는 것도 괜찮겠다는 생각을 하였지만 형은 그 대학교는 아예 생각도 안 하고 있었다.

수능이 끝나고 수능성적이 발표됐다. 형도 대학교에 원서를 접수시키느라 바쁜 나날을 보내고 있었다. 당시 형의 수능성적이 예상보다 적게 나와 대부분 하향지원을 하였다. 그래도 나는 형이 내가 생각하던 인천에 있는 대학교의 원서라도 쓰길 바랐다. 그러나 형의 점수를 가지고 인천에 있는 대학교에 가기는 약간 무리였다. 하지만 형은 그 대학교에 원서를 썼고 아슬아슬하게 대학교에 입학하여 지금은 학점도 높은 우등생이 되었다.

그저 그 대학교에 가기만을 생각했는데 형이 내가 생각하던 대학교에 가서 기뻤다. 그때 처음으로 우연이라는 것이 있다는 걸 생각하였다.

군대에 있으면서도 우연한 일이 있었다. 당시 전역을 2달 남겨놓았을 땐데 어느 날 우리 중대 행정반으로 전화가 와서 나를 찾는다고 하였다.

'에이, 또 간부님들이 무슨 일을 시키려고 하시나.'

투덜대며 전화를 받았는데 뜻밖에도 병사였다. 몇 마디 이야기를 나눠 보니 전화를 한 병사는 내가 중학교 때 같은 반이 두 번이나 된 친구였다. 어떻게 나를 알아봤느냐고 하니 내 미니홈피에 가보니 사단마크가 똑같아 찾아보았다는 것이다.

신병교육대 때 우리 동기만 하더라도 200명이나 되던 군인들 중에 부산에 온 군인들은 4명뿐이었고 그 후에도 대전에서 부산으로 온 군인들은 숫자가 많지 않다는데 놀랍게도 내 친구가 부산에 있는 것이었다. 그러나 또 하나 놀라운 사실은 그 친구가 바로 우리 대대 옆에 있는 대대에 있다는 것이었다.

사단 전체로 따지면 20개가 넘는 대대가 있고 대대 말고도 레이터기지나 TOD기지도 많았는데 신기하게 우리 옆 대대로 온 것이다.

전화상으로는 언제 한 번 외박 때 만나자고 했지만 아쉽게 전역할 때까지 만나지는 못했다.

군대에서 연락이 끊겼던 친구를 만나니 기뻤지만 너무 우연한 일이라 신기하기만 하였다.

요즘 가장 큰 우연을 바라는 것은 여자 친구가 생기는 것이다. 혹시 알까…. 내가 좋아하는 여자친구가 나를 좋아할지.

이제 23년간 어두운 곳에서 솔로로 지내던 개구리도 따뜻한 봄이 찾아오면 어두운 구덩이에서 나오는 것처럼 나에게도 우연을 가장해 따뜻한 봄이 올까?

37. 아저씨

군대를 들어가면 아저씨라는 말을 많이 듣는다.

일단 부대 안에서도 아저씨라는 말을 쓰는데 아저씨라고 불리는 사람들은 우리 중대 사람들이 아닌 타 중대나 다른 대대, 연대, 사단 사람들을 모두 칭할 때 부르는 표현이다.

흔히 "취사병 아저씨, 밥 좀 더 주세요."라거나 "운전병 아저씨, 오늘은 어디로 점심을 주러 가야 해요."라는 표현처럼 아저씨라는 소리 앞에 그 사람의 특기나 직책을 넣어서 불러주는 경우가 많다. 그럼 왜 아저씨라는 말이 생겼을까?

군대에서 있다 보면 자신의 소속이 아닌 다른 부대나 중대의 소속을 만날 때가 많은데 굳이 이런 군인들을 보고 딱히 뭐라 부를 수 있는 말이 없다. 그렇다고 자신이 일병인데 타 부대 상병을 만나

"상병님, 이곳으로 가려면 어디로 가야 합니까?"라며 상대방을 높여서 부르는 경우도 있을 수 있지만 사람은 언제나 상대방을 자신보다 높이는 것을 싫어하고 처음 보는 사람에게 딱딱한 말을 쓰면 어색해지기 때문에 하지를 않는다. 그래서 이등병이 타 부대 병장을 부를 때도 아저씨라는 말을 써서 편하게 이야기를 할 수가 있다.

이등병이 타 부대 사람에게도 존칭을 쓰면 군대에서 마음 편히 이야기할 수 있는 상대가 그리 많지 않기 때문이다. 그래서 이등병 때는 아저씨들하고 있으면 눈치를 보지 않아서 더 편하게 이야기를 한다.

군대 안에서는 병사들끼리 아저씨라는 말 대신에 그 사람의 이름을 부른 후 전우라는 표현을 쓰라고 한다.

전투복에는 이름표가 있기 때문에 이름표를 보고 "XXX 전우님, 이거는 어디로 옮겨야 합니까?" 라는 표현을 쓰라고 하는데, 아저씨라는 존칭이 깊이 박혀 있어서 쉽게 전우님으로 바뀌지는 않을 것 같다. 더 쉽게 표현하자면 군대에서의 아저씨라는 표현은 민간인이 식당에 들어가 "이모(혹은 고모) 여기 부대찌개 2인분 주세요."라는 표현을 하는 것처럼 상대방을 나타내는 말이 부드럽게 이어지기 때문에 앞으로도 계속 쓰일 것이다.

군인은 아저씨라는 말을 부대에서 듣는 것뿐만 아니라 휴가를 나와서도 많이 듣는다.

휴가를 받아 부산에서 대전으로 가는 기차를 탔는데 내 앞에 앉아 있는 꼬마친구가 나를 보고

"군인 아저씨다."라고 소리를 질렀다. 난 그저 한번 씩 웃어주며 '너도 20년 후에는 군인아저씨가 될 거야.' 라는 생각을 하였다.

민간인들이 군인을 아저씨라고 부르는 건 기분이 좋지는 않다. 예전부터 군부대에 위문편지를 쓰면 '군인아저씨 나라를 지켜주셔서 감사합니다.' 라는 식으로 아저씨라는 말을 썼다. 그러나 이런 표현도 '군인오빠(혹은 형) 나라를 지켜주셔서 감사합니다.' 라는 식으로 오면 기분이 좋은데 왜 아저씨라고 쓰는지 모르겠다.

군인들의 나이를 보면 대부분 20대 초반들이다. 나라를 지키기 위해 대학교에 다니다 휴학을 하고 군대에 들어왔는데 군대에 있으면 아저씨라는 소리나 들어야 한다. 간혹 머리가 짧고 얼굴이 까맣게 그을려서 그렇다는 이야기가 있는데 그런 외모는 열심히 훈련을 받아서 얼굴이 타고 규정상 머리는 짧게 깎아야 하니 그렇게 보일 수밖에 없지만 민간인들은 이해를 하지 못한다.

군인들도 새파랗게 젊은 20대 초반들이다. 이제는 밖에 돌아다니는 군인들을 보고 아저씨라는 말 대신 군인 오빠라는 말을 해주는 게 훨씬 군인들의 마음을 기쁘게 한다. 군인들은 여자에게 약하니까.

38. 운전면허

집에서 놀고만 있는 게 한심스러우셨는지 어머니께서 놀고 있을 때 운전면허나 따라고 하셨다.

'하긴 이렇게 시간이 있을 때 운전면허를 따야지 나중에 취업준비하고 취직을 하면 시간이 없어서 따지를 못하겠네.' 하는 걱정이 들어 이번에 집에서 멀리 떨어진 곳에 있는 자동차학원에 등록을 하여 운전연습을 하고 있다. 운전면허 따기까지 비용이 만만치 않아 그나마 싼 곳을 찾느라 집에서 먼 곳에 있는 학원에 등록을 한 것이다.

보통 운전면허증을 딸 때까지 드는 비용이 기능비가 25만 원, 도로주행비가 30만 원, 가입비나 보험료, 기타 비용을 합한 게 10만 원이 넘어 총 드는 비용이 70만 원쯤은 되는 거 같다.

비용은 많이 들지만 어쩌겠나. 요즘은 자동차가 없으면 돌아다니기도 어려운 세상인데….

아버지의 차를 많이 타보면서 옆에서 많이 운전하시는 걸 구경하였기 때문에 운전은 그렇게 어려운 게 아니란 생각을 했지만 막상 운전을 하니 긴장이 되어서 마음대로 차가 움직여 주질 않는 것이었다. 옆에 있는 강사가 그런 나를 보며 "운전은 대범하게 하면서도 섬세한 움직임이 중요합니다. 그러니 그 점에 유의해서 다시 하세요."라는 말을 하였다.

섬세한 움직임. 어디서 많이 들은 이야기라고 생각하다가 문득 상병 때의 일이 떠올랐다.

공용화기 훈련 기간 도중 포수를 맡고 있던 상병 때. 드디어 처음으로 박격포를 쏘기 위해 사격장으로 갔다. 박격포를 가지고 훈련을 할 때는 언제나 목표에 잘 맞췄지만 이번에 실제 박격포탄을 쏘기 때문인지 원하는 목표에 조준이 제대로 되지 않다.

한참을 목표에 맞추려고 노력하고 있는데 뒤에 계시던 간부님이 "섬세하게 움직여. 박격포 탄이 멀리 날아가기 때문에 1mm의 오차가 생겨도 나중에 목표에서의 오차는 몇 미터나 차이가 난다. 너의 감각대로 섬세하게 움직여."라고 말씀하셨다. 그때까지 원래 꾸준히 연습했던 자신의 실력보다 박격포를 쏘고 난 후의 결과를 걱정하여 두려움이 앞서서 쉽게 목표를 맞추지 못하던 나는 얼른 정신을 차리고 수없이 연습했던 실력과 감각을 믿고 조준을 마쳐 사격 결과가 좋게 나왔던 일이 있었다.

지금 운전을 하면서도 아버지 옆에서 열심히 보고 배웠던 정보는 생각도 안하고 운전을 하다 사고가 나면 어쩌나 하는 걱정 때문에 소심하게 운전을 하다 보니 마음먹은 대로 차가 움직이지 않았던 것이다.

'그래. 나의 실력을 믿고 하자.'

마음을 한 번 가다듬고 다시 한 번 코스를 따라 운전을 하니 옆에 있는 강사분이 이전보다 훨씬 좋아졌다고 칭찬을 하셨다. 앞으로도 이런 자신감을 가지고 하면 시험에 합격할 수 있을 거란 생각이 들었다.

연습을 마치고 집에 가는 셔틀버스를 기다리는 동안 연습을 하는 사람들을 보았다. 확실히 기능연습을 많이 한 사람들은 면허증이 없는데도 차가 자연스럽게 움직이는 것이었다. 한없이 부러워만 하고 있는데 문득 이등병 때의 생각이 나는 것이었다.

신병교육대에서 땀 흘리며 훈련을 받던 시절. 훈련병 3주차가 되던 날, 분파라고 하여 분대장이 되기 위해 교육을 받으러 훈련소에 들어오는 병사들이 있었다. 그들의 계급이 상병이나 병장이었기 때문에 힘들어 얼굴을 찌푸리는 우리와는 달리 여유가 있었다.

그렇게 생활하다가 수요일 저녁 종교 활동 때 내 근처에 분파를 온 병사들이 앉았다. 그중에 병장인 병사가 "신병교육대 많이 힘들지 않냐?"라고 하며 나에게 질문을 하는 것이었다.

"힘들기는 하지만 모두가 하는 일이기 때문에 열심히 하고 있습니다."라고 대답을 하였다. 그 말에 빙그레 웃던 병장은 "이런 시절도 금방 지나간다. 나를 봐. 엊그제가 이등병이었던 거 같은데 벌써 병장이잖아."라는 이야기를 하였는데 왠지 훈련병들을 조롱하는 말인 거 같았다. 하루하루가 힘든 훈련병들에게 병장을 금방 단다는 이야기니 그땐 얼마나 약이 올랐는지. 그러나 약이 오르면서도 이제 곧 전역을 하게 되는 게 너무 부러워 그 다음에는 그 병장의 얼굴을 쳐다보지도 않았다.

그러나 전역을 한 지금. 그때 병장의 이야기처럼 시간이 금방 가서 전역을 한 것은 아니지만 생각해보면 시간이 빨리 간 것 같다.

지금도 운전을 잘하는 사람들을 보면 부럽기만 하다. 그러나 그들도 운전학원에서 떨면서 운전대를 잡았던 과거가 있을 것이다. 이제 막 운전을 배우기 시작해서 서툰 점이 많지만 나중에 면허증을 따고 운전이 익숙해지면 훈련병일 때 병장이 나를 보면서 느꼈을 안쓰러운 마음을, 나도 갓 운전을 배우는 사람들에게 느낄 것이다.

얼른 운전면허 후딱 따고 내가 운전하는 차로 여행을 하는 날이 오기를 바랄 뿐이다. 그런 날도 언젠가 찾아오겠지.

39. 고향

지금 사는 곳은 내가 11살 때 이사 와서 10년이 넘게 산 곳이고 그전에 살던 곳은 대전 변두리에 있는 작은 동네였다. 당시 내가 태어나고 2살 때 그곳에 이사를 해서 계속 생활을 했으니까 따지고 보면 그곳이 나의 고향이나 다름없다.

대전 안에 있는 동네이지만 변두리에 있다 보니 왠지 촌스러운 느낌이 강했다. 당시 우리 집은 5층짜리 아파트였고 주변에는 논과 밭이 있어 어찌 보면 언밸런스한 조화를 이루고 있었다. 우리 집 뒤편에는 식장산이라는 산이 있었고 우리 집 옆으로는 작은 개울이 흐르고 있었다. 주변에 논과 밭뿐만 아니라 포도밭도 있었는데 여름에는 포도밭에 가서 신선한 포도를 직접 따서 바로 가격을 책정하여 사올 수 있었기 때문에 언제나 싼값에 유기농으로 키운 포도를 마음껏 먹을 수 있었다.

　작은 개울에서는 추억이 참 많다. 개울이라고 해봤자 생활하수가 흘러나오는 개울이라 물은 더러웠지만 미꾸라지나 올챙이가 살 정도로 그렇게 심하게 오염되지는 않았다. 개울에서 놀던 기회가 많아서인지 요즘 아이들은 쉽게 보지 못하는 개구리와 올챙이를 많이 잡으면서 놀았다. 이때부터 왠지 개구리에 정이 들었나 보다.

　개구리나 올챙이를 접할 시간이 많아서 올챙이가 개구리로 성장하기까지의 모습을 자세하게 볼 수 있었다. 개구리는 몸에 있는 무늬 때문에 징그럽다는 느낌이 들어서 거부반응이 일어날 수도 있지만 자세히 보면 우수에 젖은 듯 눈이 촉촉하고 뽀뽀를 할 때의 자세처럼 입이 튀어나온 것을 볼 수 있다. 눈이 항시 촉촉한 것은 사람과 같이 물기가 있으므로 눈의 움직임을 부드럽게 할 수 있고 공기에 있는 먼지가 눈에 들어오는 것을 막아줄 수 있다. 입이 툭 튀어나온 것은 개구리는 긴 혀로 날아다니는 파리 같은 곤충을 잡아먹기 때문에 혀를 보다 멀리 보내기 위해서 입이 튀어나온 것이다.

　식장산은 대전에서도 유명한 산으로 꼽힌다. 식장산에는 고산사와 계심사라는 절이 있는데 주말이면 등산을 목적으로 아버지를 따라 언제나 절에 갔었다. 절에 가면 연못이 있는데 그곳에는 우리 개울에서는 볼 수 없던 큰 잉어를 볼 수 있어서 연못가에서 놀던 일이 많았다. 산에 올라가면 수많은 동물이나 식물들을 볼 수 있는데 그때 보던 동식물 중에 지금은 볼 수 없는 게 많아 안타깝다.

　그 당시 언제나 밖에서 놀기만 좋아하여서 집에는 저녁이 되어서야 돌아왔다. 그래서 어머니에게 매일 혼났는데 혼나도 친구들과 밖에서 놀면 시간 가는 줄 모를 정도로 즐거웠다.

어린 시절에는 참 순수했던 마음을 많이 가지고 있었다. 계속되는 여름 가뭄 철. 예전보다 길게 이어지는 가뭄 때문에 개울이 말라 버린 적이 있었다. 그 당시 수많은 올챙이가 알에서 깨어나 개구리가 되려는 날만 기다리고 있었는데 물이 없어서 그저 죽는 날만 기다리고 있었다. 올챙이들이 불쌍하게 생각되어 학교에서 돌아오자마자 올챙이들을 살려보겠다는 마음으로 집에서 페트병에 물을 받아 계속해서 올챙이가 몰려 있는 곳에 물을 뿌려주었다. 몇 시간이고 계속해서 뿌려 주었지만 뜨거운 여름에 물은 금세 땅에 스며들거나 증발하였다. 밤이 될 때까지 계속 올챙이들의 몸을 적셔주었지만 다음날이 되자 올챙이들은 싸늘한 시체로 변해 있었다. 그 당시 올챙이들이 죽은 게 내가 물을 적게 준 것이라 생각해서 며칠 동안 방에서 울었던 적이 있었다. 그땐 작은 생명도 참 소중히 생각할 만큼 순수했었는데….

이렇게 좋은 기억만 간직하고 있는 고향도 이제는 개발이라는 이름으로 서서히 변해가고 있다. 식장산은 고속도로가 나는 바람에 산의 중턱이 잘려 버렸다. 예전 초등학교 때 우리 학교 교가에는

"식장산 두 팔 벌린 품 안에 안겨…."라는 가사가 있었다. 그만큼 식장산은 우리에게 어떤 일이 있어도 무너지지 않을 희망이었는데, 이사를 하고 몇 년 후에 가 보니 산의 중간 부분이 거짓말처럼 잘려 있었다. 언제나 희망이었던 식장산이 잘리니 기분이 씁쓸하였다.

군대에 입대하기 전 마지막으로 고향을 가 보았다. 그 당시에 그곳은 재개발 열풍이 불고 있어서 초고층 아파트가 들어선다는 이야기가 있었다. 대전에 많은 땅이 있는데 왜 굳이 내 고향에다 재개발을 한다고 하는지 이해가 가지 않았다. 그때 그곳에 살던 주민들은 재개발이 되는 걸 반대하는 게 그나마 위안이 되었다.

'제발 예전의 추억이 묻어 있는 고향이 그대로 남아있으면…' 마음속으로 기도를 하고는 집으로 돌아갔다.

이제 전역하고 다시 한 번 옛 추억을 생각하기 위해 고향을 찾았다. 그러나 마음의 안식처였던 고향에는 예전 논, 밭과 포도밭이 있던 자리에 수많은 아파트가 들어서 있고 작게나마 자연을 깨닫게 해준 개울도 이제는 차가운 아스팔트 밑에 묻혔다. 2년 동안 너무나도 많이 변해 버린 모습에 실망하였다. 이젠 나에게 어릴 적 추억을 기억하게 하는 수단은 사진밖에 없다.

사람들은 어찌 보면 훗일을 생각하지 않고 일을 실행하는 경우가 있다. 그러나 그 일이 실패하면 예전 모습처럼 원상복구가 되기 어렵다. 마찬가지로 요즘 무분별하게 개발을 하는 경향이 있다. 골프장을 만들기 위해 산에 있는 나무를 모두 깎아 내거나 도로를 만들기 위해 산을 잘라내 버리는 일도 있다. 산을 깎아 버리면 비가 조금만 와도 산이 물을 저장하지 못하고 그대로 흘려보내 홍수의 피해가 더욱 심해진다. 또한 가뭄이 계속될 때에는 산에 저장되는 물의 양이 없기 때문에 가뭄의 정도가 심해진다. 이제는 너무 무분별한 개발은 자제하고 인간과 자연이 서로 공존하는 사회가 되어 나의 희망이었던 식장산을 잃는 일이 더는 일어나지 않았으면 한다.

　예전의 나를 생각하다가 지금의 나와 비교해 보니 너무 많은 변화가 있는 것 같다. 예전에는 순수한 마음이 많았지만 지금은 사회의 검은 때에 찌들고 남을 생각하는 마음도 없어진 것 같다.

　누군가 이 세상에 아이의 마음으로 살아간다면 세상은 아름다워질 거라는 말을 하였다.

　아이들의 순수한 마음, 순수한 마음을 다시 한 번 가질 수 있을까?

40. 군중심리

운전학원에 가는 셔틀버스를 타고 가다가 라디오에서 요즘 인기가 있는 프로를 청취하게 되었다.

라디오에는 프로의 진행자가 4명의 전직 대통령의 성대모사를 하면서 사회에서 일어나는 일을 이야기하는 것이었는데 각 대통령이 나올 때마다 라디오에서는 사람들의 웃는 소리를 효과음으로 내보내 줘 이 내용이 웃기다는 것을 청취자들에게 알려주어 따라 웃도록 유도하는 것이었다.

나도 별다르게 재밌는 이야기에서는 반응을 하지 않다가 사람들이 웃는 소리가 나오면 이게 웃긴 거라고 인식하고는 따라 웃는다. 그러나 생각해보면 웃기지는 않는데….

이런 경우는 텔레비전의 프로그램에서도 많이 나오는데 오락프

로엔 대부분 방청객이 있어 재미있는 부분이 나오면 바람잡이들처럼 마구 웃어줘 시청하는 사람들이 그 장면은 웃긴 장면이라고 여기고 따라 웃게 된다고 한다.

이런 것도 하나의 군중심리 같은데 다른 사람들은 이 장면은 웃긴다고 생각하여 마구 웃어도 자신은 재미없게 생각하여 웃지 않으면 남들과 다른 사람으로 인식될 수 있어서 자신도 따라 웃는다고 한다.

즉 다른 사람과 다르게 행동하면 특이한 사람, 희한한 사람으로 인식이 되기 때문에 자신도 다른 사람들과 똑같다는 것을 무의식적으로 드러내기 위해서 그런 행동을 한다는 것이다.

이런 군중심리는 군대에서도 많이 나타나는데 군대에서 들은 말 중에 "군대는 너무 튀거나 너무 뒤처지면 안 된다. 너무 튀면 간부들이나 고참들의 눈에 띄어 어려운 일은 도맡아서 하고 너무 뒤처지면 뭔가 모자란 아이라는 취급을 받게 되어 나중에 자신이 고참이 되어서도 밑에 있는 후임들에게 대접을 못 받아. 그저 군대에서는 가운데가 제일 적당해. 너무 튀지도 않고 뒤처지지도 않고 그저 묻혀 가는 게 제일이야. 뭐, 그렇게 생활해도 월급 나오는 거 똑같고 시간 지나면 전역하는 건 똑같은데 잘하면 뭐하게. 그냥 묻혀가는 게 최고야."

내가 이등병일 때 말년 병장이 나를 붙잡고 한 말이다. 그런데 이 말이 대부분 맞다.

군대에서 작업도 잘하고 운동도 잘하면 간부들이나 고참들에게 사랑을 받겠지만 작업을 잘하면 힘든 작업을 할 때마다 끌려 다니고 운동을 잘하면 간부들이 하는 운동에도 끌려 다녀 심부름을 하는 경우가 많다. 그러니 칭찬을 듣는 대신 몸이 고달파지는 것이다. 반대로 무슨 일만 하면 남보다 뒤처지는 사람은 나중에 고참이 되어도 후임들이 인정을 해주지 않아 왕따 같은 생활을 하여야 한다.

그러나 잘 생각해 보면 군대나 사회나 모두 똑같다. 아니, 우리나라 사람들에게는 군중심리가 모두에게 있다.

'사촌이 땅을 사면 배가 아프다.'는 속담이 있다. 이 말은 남이 잘되는 꼴은 못 본다는 것이다. 이런 생각이 박혀 있는 사람들이 많다 보니 사회에서도 남을 짓밟는 일이 많이 일어난다.

가령 직장에서 실력이 뛰어난 사람이 있다. 그 사람은 실력이 뛰어나 회사 간부들은 좋아하지만 그와 비슷한 시기에 들어온 동기나 그의 바로 윗사람들은 좋아하지 않는다. 실력이 뛰어나기 때문에 언젠가는 자신보다 높은 자리에 올라가게 되고 그렇게 되면 자신이 그와 비교되어 점점 도태된다는 생각이 들어 기회만 생기면 그를 깎아내리게 된다. 이런 내용은 텔레비전 드라마에도 단골로 나오는 소재로 그런 일에 국민이 많이 공감을 하기 때문에 드라마에 자주 나오는 것이다.

우리나라도 최근에는 개인들의 인격을 존중해 준다지만 아직도 군중심리에 의해 우리와 조금이라도 다르면 그 사람은 상대도 하지 않는 사회이다.

예전 광고에 "모두가 예라고 할 때 아니오라고 할 수 있는 사람이 되자."라는 것이 있었고 그 광고가 선풍적인 인기를 끈 적이 있었다. 그러나 그 광고가 나오고 나서 모두가 예라고 했는데 아니오라고 하는 사람은 모두에게 얻어터지는 패러디가 어떤 가수 뮤직비디오나 그밖에 다른 곳에서도 많이 나왔다.

사람들은 저마다 생각이 똑같을 수 없다. 하다못해 키나 몸무게 등 신체가 거의 비슷한 쌍둥이들도 생각하는 게 다르다고 하는데 자신과 전혀 다른 사람들인데 생각이 똑같을 수는 없다.

사람들의 생각을 똑같이 만들게 하는 것은 사회가 만들어내는 고정관념이나 인식 때문이다. 이런 것들이 남아 있어서 군중심리에 끌려가지 않으려는 사람들도 어쩔 수 없이 자신의 생각을 버리고 다수의 생각에 따라가게 된다.

서로 생각이나 의견을 존중하고 자신과 생각이 다르다고 자신과는 다른 사람으로 취급하지 않는 사회가 이루어지면 더더욱 다양한 생각과 의견이 나와서 사회가 더욱 발전하지 않을까 하는 생각이 든다.

41. 매미

한여름이 되면 많은 곤충이 저마다 일을 찾아 돌아다닌다. 사람을 귀찮게 하는 모기나 파리는 물론 사람에게도 이로운 벌이나 나비도 꽃을 찾아 돌아다니는데 이 중에도 여름 하면 대표되는 곤충 중의 하나가 바로 매미이다.

매미는 여름만 되면 나무에 붙어 있으면서 구애활동의 하나로 쉬지도 않고 울어댄다. 그런 매미 때문에 잠을 설치거나 조용히 공부할 때는 방해가 될 정도로 지금은 해충 취급을 받지만 어릴 적에는 곤충채집을 할 때 매미만한 곤충이 없었을 정도로 수많은 매미가 채집이라는 이름으로 희생을 당했다.

매미들은 보통 땅속에서 6년 정도의 생활을 한다고 한다. 어두운 땅속에서 6년을 생활하고 성충이 되어 밖으로 나와도 며칠 살지도 못하고 죽는다고 한다.

6년 동안 어두운 땅속에서 힘들게 살아왔지만 땅 위로 나와서는 나무에서 며칠 살지도 못하고 계속해서 울다가 죽는 게 참 안타깝다.

매미 처지에서 생각하면 6년이란 시간을 어두운 땅속에서 살기가 힘들 것이다.

군대에서 고참들이 갓 전입해 온 이등병들에게 장난을 칠 때 "왼손을 주먹처럼 말아줘 봐. 그런 후 엄지손가락과 검지손가락 사이를 너의 왼쪽 눈에 갖다 대고 한 번 봐봐. 앞이 보여?"

말아 쥔 주먹 사이로 앞을 보는데 당연히 보일 리가 없었다.

"잘 안 보입니다."

"그래. 그게 네가 앞으로 남은 군 생활이다. 막막하지?"

고참들 처지에서는 장난일지 모르겠지만 이걸 당하는 이등병들의 처지에서 보면 이 말은 완전 기를 꺾어 놓는 말이다. 6년 동안 어두운 땅속에 갇혀 살아야 하는 매미의 유충 시절처럼 이등병도 2년이란 어두운 군 생활에 놓이게 된 처지가 똑같은 것 같다.

그러나 언젠가 시간이 흘러 매미가 땅 위에 올라와 성충이 되는 것처럼 군인도 2년이란 올챙이 시절이 지나면 환한 개구리 시절을 맞이하게 된다. 대신 매미가 성충이 되어 땅 위에서 얼마 살지 못한다고 하지만 개구리들은 20대 초반에 전역을 하고 앞으로 평생 80세까지 산다고 따지면 60년을 자신이 하고 싶은, 구속받지 않는 삶을 살게 된다.

군 시절에 이런 것을 따진 적이 있었다.

군 생활이 2년이고 앞으로 전역을 하여 내가 사회에서 사는 시간이 60년이라고 하면 군대에 있는 1일이 사회에 있는 30일의 자유를 보장하는 것이다. 1일과 30일. 얼마나 많은 시간을 자유롭게 사는 것인가.

시간은 언제나 흘러가고 언젠가 전역을 하게 된다. 그러면 자신도 오랜 기간 참고 인내하며 땅속에서 지냈지만 땅 위에 나와서는 며칠 살지도 못하고 죽기 직전까지도 매순간 최선을 다해 울다가 죽어가는 매미들처럼 하루하루 열심히 살아간다면 죽는 그 순간에도 후회되지 않은 삶을 살았다고 이야기할 것이다.

이렇게 빈둥대는 개구리도 이젠 큰 꿈과 목표를 가지고 인생을 살아야겠다.

42. 개구리, 뱀을 만나다

어느 날 집 전화에 낯선 번호가 떠오르며 벨이 요란하게 울렸다. 잠이 덜 깬 상태에서 빨리 전화를 받고 잠이 들어야겠다는 생각에 얼른 전화를 받았다.

"여보세요."

반쯤 하품을 하면서 성의 없이 받았는데 상대편에서 "야. 나 누군지 모르겠냐?"라는 말을 하였다. 전화를 하면 자신을 밝혀야 하는 게 예의인데 대뜸 누군지 모르겠느냐고 반말을 하니 기분이 상했다.

"누군지 모르겠는데요."

기분이 상해서 대답도 퉁명스럽게 하였다.

"이 쉐~끼, 나를 몰라봐?"

수화기에서 들려오는 "이 쉐~끼"라는 소리를 듣고는 잠이 확 달

아났다. 군대에서 자주 듣던 말투이고 아마 내가 평생 살더라도 절대 잊어버리지 않을 말투였다.

"나 XX인데 나 정말 모르겠나?"

이름을 밝히기 전에 벌써 누구인지 눈치를 챘다. 전화를 건 사람은 나의 군대 고참이었다. 말투를 듣고도 금방 알아맞힐 정도였으니 그 사람과 나하고는 참 많은 악연이 있었다.

처음 자대로 전입해 온 날. 아무것도 모르고 멍하니 있던 신병들을 끌고 그 고참은 인적이 드문 곳으로 데려가 1시간이나 우리에게 욕을 하면서 군 생활에 대한 이야기를 해주었다. 그 후로도 나를 보면 무조건 데리고 가 별거 아닌 일 가지고도 꼬투리를 잡아 욕을 하면서 나를 많이 괴롭혔다.

심부름도 많이 시켜 일과가 끝나고 내무실에서 잠시 쉬려고만 해도 이것 가져와라, 저것 가져와라 하면서 잠시도 쉴 틈을 주지를 않았다.

한 번은 이런 일도 있었다. 이등병 시절 며칠간 불면증으로 고생을 하다가 긴장이 조금 풀어져 편하게 잠을 자고 있는데 그 고참이 불침번 근무를 서는 시간에 나를 깨워서 혼내는 것이었다. 혼내는 이유는 별다른 게 아니고 잠을 잘 때 정자세로 자야지 옆으로 누워 잤다는 것이었다. 결국 자는 도중에 일어난 나는 그 고참이 근무가 다 끝날 때까지 밖으로 나와 욕을 먹어야 했다.

아무 일 아닌 것 가지고 나를 힘들게 하여 정말 그 고참이랑은 군 생활을 하고 싶지 않다는 생각을 많이 하였다. 정말 힘들 당시에 사고를 치면 다른 부대로 보내준다는 이야기를 듣고 차라리 사고나 쳐서 다른 부대로 가는 게 더 낫겠다는 생각도 하였다. 지금 생각하면 정말 위험한 생각이었다고 느껴지지만 그 당시에는 정말 심각하게 사고를 치고 다른 곳으로 가면 좋겠다는 생각을 할 정도로 그 고참이 싫었다.

그렇게 압도적으로 당하던 상황이었지만 나도 상병을 달기 시작하면서 말년 병장이라 힘이 없는 그 고참과 참 많은 충돌이 있었다. 말년 병장이면 조용히 있다 집에 가면 되는데 계속 나 말고도 내 후임들에게도 시비를 걸고 꼬투리를 잡아 욕을 하는 것이었다. 그런 모습을 보다 못한 어느 날. 그 고참에게 가서 서로 언성을 높이며 말싸움을 한 적이 있었다. 그 당시에는 예전에 내가 그 고참에게 당하던 일까지 생각이 나서 주위의 만류에도 끝까지 가보자는 식으로 말싸움을 한 적이 있었다. 그 후로 그 고참은 나와 내 후임을 터치하는 일이 없어졌고 나도 그 고참과는 이야기를 하지 않다가 시간이 흐르고 그 고참은 조용히 전역을 하였다.

잠시 옛날 생각을 하고 있는데 수화기에서 "나 지금 대전에 잠시 와 있는데 한 번 볼까? 너랑 전역하고도 한 번도 못 봤잖아."라는 이야기가 나왔다.

'누가 너 같은 놈하고 만나고 싶겠냐.'

정말 보기 싫어서 무슨 핑계를 댈까 잠시 생각했지만 볼일이 있어서 대전에 왔지만 후임을 보고 싶어서 연락처를 수소문해서 나에게 전화를 했는데 거절하는 게 너무 미안하다는 생각이 들었다.

"예, 형. 그럼 잠깐 얼굴이나 보고 밥이나 같이 먹죠."

잠깐 만나는 것도 괜찮겠다 싶어 전화로 만날 시간과 장소를 정하였다.

약속된 시간이 되고 괜히 약속을 잡았다는 후회를 하며 약속장소로 갔다. 약속장소로 걸어가면서 보니 멀리서도 알 수 있는 낯익은 얼굴이 벤치에 앉아 있었다. 정말 꿈에서도 보기 싫었던 얼굴이었는데 실제로 본다는 것이 참 짜증이 났지만 애써 표정관리를 하며 그 고참에게 다가갔다.

"형 오랜만이네요. 머리 기르시니까 멋지게 변하셨네요."라는 말로 먼저 웃으며 인사를 드렸다.

"야, 너도 사회에 나오니까 이제야 사람처럼 보이네."

사회에 나와서 보니 사람처럼 보인다는 말은 내가 군대에 있을 때는 사람이 아니었다는 이야긴가.

예전에 상대방을 짜증나게 하던 시비를 거는 듯한 말투가 아직도 남아 있는 것 같아 그냥 잠시 밥이나 먹고 빨리 헤어져야겠다는 생각을 했다.

길에서 이야기하는 게 실례인 거 같아서 근처에 있는 식당으로 가자고 하였다. 밥을 먹기에는 이른 시간이었지만 빨리 헤어지고 싶은 마음에 배고프다는 핑계를 대고 얼른 밥을 먹고 헤어지려는 마음으로 떠오른 생각이었다.

서로 자리를 잡고 앉아서 메뉴를 고르고 음식을 기다리는 도중 갑자기 그 고참이 "나 때문에 군 생활 많이 힘들었지. 예전엔 정말 미안했다. 원래 내가 사람들에게 시비도 많이 걸고 욕도 잘하지만 군대에 있다 보니 더욱 너한테 욕도 많이 하고 시비도 많이 걸었던 거 같아. 정말 미안하다."

생각지도 못한 말이 그 고참의 입에서 나오자 너무 당황이 되었다.

"아니요. 뭐 그런 것도 다 추억인데요. 그런 일도 없이 편하게 군 생활을 했으면 군대에 있던 추억도 기억나는 게 별로 없었을 거예요."

마음에도 없는 말을 하느라 애를 먹었다.

"너랑 말년에 말싸움한 적이 있잖아. 그 일이 있은 후에 내가 너희에게 한 일에 대해서 여러 가지로 생각을 많이 했어. 나중에 미안하다는 말을 하고 싶었지만 고참이 미안하다는 말을 한다는 건 자존심이 상하더라. 그렇게 서먹한 관계로 있다 전역을 하고 이제까지의 나의 행동을 반성하며 사회에 나오니 군대에 들어가기 전에는 성격이 거칠었는데 지금은 많이 부드러워졌다고 하더라. 네가 그때 나의 잘못들을 지적해 주지 않았다면 나는 아직도 거칠게 세상을 살았을 거야."

이야기를 하는 그 고참의 눈을 유심히 보았다. 군대에 있을 때는 언제나 독기를 품어서 눈이 날카로워 독사 같다는 생각을 많이 했는데 지금은 진심으로 그런 말을 하는 것이란 생각이 들 정도로 눈이 진실 되게 보였다.

"뭐 다 지난 일인데요. 그냥 군대에서 있었던 재미난 이야기나 하죠."

 밥을 먹으면서 군대에 있을 때의 이야기를 많이 나누었는데 그 고참이 전역한 지도 1년이 다 되어 가는데도 군대에 있을 때의 일들을 아직도 많이 기억하고 있었다.

 밥을 다 먹을 때까지도 이야기가 그칠 줄 몰라서 자리를 옮겨 근처의 호프집에 가서 맥주를 마시며 더욱 군대에 있었던 이야기를 하였다.

 곰곰이 생각해보면 그 고참은 승부욕이 강하여 축구를 할 때도 언제나 몸을 아끼지 않는 플레이를 많이 보여 주며 골도 많이 넣어 언제나 주전 공격수의 자리를 놓치지 않다. 소대끼리 자존심이 걸려 있던 소대대항 축구 시합 때도 그 고참은 누구보다 열심히 뛰어 우리 소대에 많은 승리를 안겨다 주었다. 나름대로 좋은 면도 있었지만 그 당시에는 나쁜 이미지로만 인식하여 그런 면들은 눈에 들어오지도 않았다.

 이야기를 하면서 지금은 그 고참이 많이 변했다는 생각이 들었다. 당시의 사건 때문에 변했다고 그 고참은 이야기를 했지만 나 때문이 아니더라도 언제나 눈에 독기를 품고 살던 그 고참이 아닌 부드러워진 고참의 모습을 보게 되어 매우 기뻤다.

 술자리는 밤늦게까지 계속되었고 나중에 부산에서 보자는 약속을 하며 헤어졌다.

 군대에 있을 때는 나를 못 잡아먹어 안달이 났다고 생각하던 그 고참도 사회에 나오니 이젠 서로 마음 편히 이야기할 수 있는 사이가 된 것이다.

지금도 군대나 사회에서는 서로 못 잡아먹어 안달인 사이가 있을 것이다. 어찌 보면 서로 원수라고 생각하고 그 사람의 얼굴만 보아도 짜증이 나고 화가 날 수도 있을 것이다.

하지만 이 세상에 악마 같은 사람은 아무도 없다는 말처럼 조금씩 생각의 차이를 좁혀가고 그 사람을 인정하게 된다면 그 사람은 나와 원수지간이 아닌 좋은 친구가 될 수도 있겠다는 생각을 그 고참을 보면서 깨달았다.

평생 나의 기억에 뱀으로 남아 있을 것만 같았던 그 고참도 이제는 나에게 좋은 개구리라는 인식이 심어졌다. 과거는 단지 과거일 뿐이다. 그런 과거를 과감히 버리고 미래를 보아야 더 멀리 나아가는 더 발전하는 개구리가 되는 것이다.

안 좋은 과거는 과감히 버리자.

43. 가족사랑

　며칠 전 형의 휴대전화에 있는 문자를 보다가 재미난 문자를 본 적이 있었다.
　발신을 한 사람이 아버지로 되어 있어서 호기심에 읽어본 문자가 나를 빙그레 미소 짓게 했다.
　아버지께서 보내신 문자는 "셍일 죽하"였다. 3월에 형의 생일이 있었기 때문에 그때 보낸 문자인데 '생일축하'로 보내려던 것이 '셍일 죽하'라고 써서 보내신 것이다.
　그러나 그 문자에도 참 많은 의미가 있는 것 같다. 우선 아버지의 연세가 높으셔서 최신기기를 다루시는 게 서투르시다. 휴대전화도 전화만 쓰시지 문자나 그 밖의 기능들은 잘 쓰시지 않는다.
　더군다나 눈도 침침해 가까이 있는 글자는 보이지 않는다고 하셨다.

아버지도 처음에는 생일축하라는 글자를 써서 보내려고 하셨을 것이다. 4년제 대학교를 나오시고 지금은 한 회사 임원이신데 글자를 모르실 리는 없기 때문이다.

하지만 L모 회사의 휴대전화를 쓰시는 아버지께서는 생자에서 'ㅅ'자를 쓰시고는 번호 3번에 있는 'ㅏ', 'ㅓ'자 중에 한 번을 눌러야 '사'자가 되는데 잘못해 두 번 눌러서 'ㅓ'자가 된 상태에서 획 추가를 누르셔서 '세'자가 된 것이었다. 잘못 쓴 걸 아셨으면 금방 수정을 하셨을 테지만 손가락 두 마디 정도밖에 되지 않는 액정화면의 글씨가 노안이신 아버지의 눈에 보일 리가 없었다.

결국 '생'자를 '셍'자로 쓰시고 그 다음 글자인 '일'은 잘 쓰셨지만 '축'에서 그만 또 실수를 하셨다.

'축'자를 쓰려면 우선 번호 7번을 눌러서 'ㅅ'자를 만든 다음에 획 추가를 두 번 눌러야 'ㅊ'이 되는데 한 번만 누르셔서 'ㅈ'이 된 것이다.

잘 보이지도 않은 데다 휴대전화 문자 쓰는 법을 모르시기 때문에 '생일축하'라는 단어가 '셍일 죽하'라는 단어로 돌변한 것이다.

하지만 이 문자를 보내려고 어린 직원들에게 물어보면서 문자 쓰는 법을 배우고 작은 화면에 보이지도 않는 글자를 치시느라 진땀을 많이 뺐을 것이다. 그렇게 해서 완성한 문자를 아들 생일에 보내셨으니 생일이 4개월이나 지난 형도 아직도 그 문자를 휴대전화에 저장하고 있다는 사실이 형도 문자의 의미를 잘 이해하는 거 같다.

어떤 때는 값비싼 선물보다 짧은 말 한마디가 사람을 감동시키는 경우도 있다. 아버지가 만약 형의 생일에 많은 용돈을 주셨으면 형도 그저 생일이니 용돈을 받았다고만 생각했을 것이다. 그러나 아버지는 어렵게 배운 문자를 뜻하지 않은 글자로 보내셨지만 그 문자 하나의 의미를 형은 가슴 깊이 느꼈을 것이다. 아버지가 자신을 얼마나 사랑하는지.

어젯밤에 잠을 자려고 했지만 무더운 날씨 때문인지 쉽사리 잠이 오지 않았다. 뒤척이다가 몸에서 땀만 나서 자리에서 일어나 냉장고에서 시원한 물을 마시고는 거실에서 잠시 바깥을 구경하다가 안방에서 어머니와 오랜만에 같이 자야겠다는 생각을 하였다.
중학교 때까지만 해도 형과 나, 어머니가 안방에서 이야기를 하다 잠들던 때가 많았는데 지금은 형과 내가 혼자서 자는 게 편하다고 생각하여 안방에선 어머니 혼자서만 잠자리에 드신다.
내 방에 있던 베개를 가지고 조심조심 어머니가 깨지 않게 안방으로 들어가 어머니 옆에 누웠다. 어머니가 깨지 않게 조심했지만 인기척을 느끼셨는지 잠을 깨고는 나인 줄 확인하고 조용히 내 손을 잡으셨다.
어머니가 내 손을 잡던 그 순간 왈칵 눈물이 나려고 했다. 2년 전에 잡아본 어머니의 손은 부드러웠지만 어제 잡은 손은 많이 거칠어져 있었다.
내가 군대에 가 있는 동안에도 매일같이 일을 나가시느라 쉬는 날이 없었는지 요즘 몸이 부쩍 아프고 힘들다고 하셨다.

　세월은 언제나 사람을 변해 가게 하는 것처럼 언제나 곱기만 하던 어머니도 이제는 많이 늙으셨다. 그런데도 무슨 일이든 매일 투덜대는 아들을 언제나 격려해 주시는 어머니에게 조금이라도 관심을 보이지 않은 게 너무 한스러웠다.

　군대에 있을 때 가장 보고 싶던 분이 바로 부모님이다. 언제나 힘든 훈련을 할 때면 부모님의 얼굴을 떠올리며 이를 악물고 버티고 휴가를 나오는 날이면 부모님 얼굴을 보기 위해 한걸음에 대전으로 달려갔다. 그러나 지금은 가까이 있다는 이유로 그런 마음은 사라지고 또다시 부모님에게 무엇인가만을 바라는 아들이 되었다.

　눈에서 멀어지면 자꾸 보고 싶고 눈에서 가까우면 소중한 것을 놓치게 되는 것이다. 군대에 있을 때 부모님의 소중함을 깨달았지만 전역하고는 예전의 모습으로 다시 돌아온 것 같아 안타깝다.

　부모님은 이 세상 모든 사람들이 자신을 욕해도 언제나 감싸주는 분이시다. 그리고 부모님은 우리가 태어난 것 자체를 감사히 생각하고 많은 걸 우리에게 바라지 않으신다. 그래서 부모님들은 자식에게 아낌없이 베푼다고 한다.

　그날 밤 따뜻한 어머니 품에서 깊이 잠이 들기 전에 이런 다짐을 하였다.

　'이제 정말 정신 차리고 생활하자. 그리고 부모님에게 효도하자. 언제나 희생만 하신 부모님에게 이젠 나도 은혜를 베풀어야 할 텐데…. 군대에서 다짐했던 것처럼 부모님에 대한 효도를 꼭 하자.'

44. 앵~~

텔레비전을 보다 시간이 너무 늦어 텔레비전을 끄고 잠자리에 들었다.

시간이 늦은 만큼 잠자리에 들어 얼마 지나지 않아 잠이 들어 버렸다.

얼마를 잤는지 모를 그 순간 귓가에서 "앵~~"하는 소리가 들렸다.

'헉 모기다.'

귓가에 들려오는 모기의 날갯짓 소리는 들어본 사람은 아시겠지만 정말 소름이 돋을 정도다.

'이걸 일어나서 잡아야 하나. 에이 피곤한데 그냥 자야지.'

일어나는 게 귀찮아 손으로만 몇 번 휘젓고는 또다시 잠이 들었다. 그러나 또다시 귓가에 "앵~~" 하는 소리가 들리면서 다시 한 번 잠을 깨웠다.

"에이 씨."

신경질을 내면서 이불을 머리끝까지 올리고 베개로 한쪽 귀를 막고는 소리가 들리지 않도록 자세를 바꾸었다. 그렇지만 조용한 방에서 모기가 내는 소리는 아무리 이불로 덮고 귀를 막아도 들려왔다. 더군다나 여름에 이불을 다 덮고 자니 너무 더워서 잠이 오질 않았다.

'넌 꼭 죽여야겠다.'

모기와의 신경전에서 참패한 나는 그만 이성을 잃어서 모기를 처절하게 죽여야 속이 후련해지겠다는 생각을 하였다.

자리에서 일어나 방에 불을 켜고 모기의 동태를 살폈다. 누워 있으면 방 전체를 가득 메울 것만 같던 모기소리도 불을 켜고 나니 들리지 않는 것이었다.

'요즘 모기는 왜 이리 눈치는 빠른지.'

모기도 아마 자신을 죽일 거라는 생각을 하고는 어딘가에 조용히 숨어 있는 것 같았다. 한참을 찾아봐도 보이질 않아 거실로 도망간 것이라 생각하고는 다시 불을 끄고 잠자리에 들었다.

그러나 얼마 지나지 않아 다시 "앵~~"하는 소리가 귓가에 들려왔다.

"이 XXX 넌 꼭 죽이고 자야겠다."

모기의 장난에 독기를 품어서인지 나밖에 없는 방에서 모기에게 욕을 하고는 선전포고를 하였다.

또다시 방안에 불을 켜고 이번엔 조심스럽게 한쪽부터 훑어가며 모기를 찾기 시작했다. 귓가에서 날아다니던 모기는 이번에도 어딘가로 숨었는지 좀처럼 보이지 않았다.

'그냥 모기약을 뿌려 버릴까?'

모기약을 뿌릴까도 생각했지만 그렇게 되면 냄새 때문에 당분간 방안에 있기 어렵고 모기약이 사람에게 좋지 않다는 생각이 들어 내가 직접 잡아야겠다는 생각을 하고 손에 얇고 넓은 공책을 들고 언제든 모기를 발견하면 때려잡을 준비를 하였다.

한참 동안 방을 수색하였지만 모기의 행방은 찾을 수 없어서 혹시나 하는 마음에 책장 뒤에 어두운 부분을 플래시로 비추어 보았더니 그곳에 모기 한 마리가 붙어 있었다.

'너 오늘 죽어 봐라.'

공책을 모기 근처까지 올리려고 했지만 벽과 책장 사이가 너무 좁아 공책을 그 사이로 넣는 틈에 모기가 눈치를 채 버렸는지 날아가 버렸다.

'침착하자 침착. 릴랙스…'

아쉬운 기회를 놓치고 다음 기회를 잡기 위해 모기가 날아다니는 것을 유심히 보았다. 한참을 날아다니던 모기를 눈으로 잘 관찰하고 있었는데 모기가 형광등 근처로 갔을 때 그만 눈이 부셔서 모기를 놓치고 만 것이다.

잠시 정신을 차리고 다시 모기가 날아다니나 확인을 해봤지만 모기는 날아다니지 않다.

'에이. 이번에는 어디에 숨어 있나?'

우선 책장 뒤편을 보았지만 모기도 영리한지 한 번 있었던 자리에는 없었다. 그렇게 또다시 벽면을 이리저리 수색하다가 천장에 매달려 있는 모기를 발견하였다.

'재주도 좋네. 자기가 무슨 박쥐인가?'

중력의 힘을 거스르고 천장에 달라붙어 있는 모기가 신기했지만 복수심에 불타는 나에게는 이 때가 죽이기 좋은 기회라는 생각이 들었다. 처음 번의 실수를 생각하여 이번에는 공책이 날아가서 모기를 때려죽이는 각도까지 잘 따져보고는 순식간에 빠른 속도로 공책을 모기가 붙어있는 천장 쪽으로 올려쳤다.

"딱."

어찌나 크게 때렸는지 소리가 거실에까지 울렸지만 소리에 아랑곳하지 않고 모기를 잡았는지 확인하였다.

조용히 공책을 내려 모기를 때린 위치를 보니 다행히 모기가 죽어 있었다. 그러나 그 녀석도 죽는 게 아쉬웠던지 이제껏 빨아먹은 피를 천장에 뿌리고는 죽었다.

'제길, 이제는 피까지 닦아야겠네.'

모기와의 싸움에서는 승리를 하였지만 싸움이 끝나고 난 후의 뒤처리가 많이 까다로웠다. 모두가 자는 밤에 휴지에 물을 적셔 피가 묻은 천장을 닦고는 승리의 기쁨에 취해 다시 잠자리에 들었다.

이제 모기소리도 들리지 않아 조용히 잘 수 있겠다는 생각을 하였지만 한참이나 모기와의 사투를 벌여서인지 잠이 쉽게 오지 않았다.

'그러게 조용히 있다가 피만 빨고 도망가지 괜히 귓가에서 날아다니다가.'

모기소리를 생각하다가 문득 깨달은 게 있었다.

'작은 모기소리도 사람을 짜증나게 하는데 사람이 무심코 내뱉은 말로 다른 사람이 마음의 상처를 받을 수 있지 않을까?'

군대에 있던 시절에도 말 한마디에 힘을 얻기도 하고 마음에 상처를 입기도 하였다.

'말 한마디에 천 냥 빚을 갚는다.'는 속담이 있다. 그만큼 말 한마디가 소중하다는 것인데 군대에 있던 시절 아무 생각 없이 후임들에게 욕을 남발하였던 것 같다. 그때 당시 많은 후임은 내색을 하진 않았었지만 얼마나 마음에 상처를 입었을까 지금에 와서야 후회가 된다.

말은 한 번 하면 다시 주워 담을 수 없고 상처가 되는 말을 들은 사람은 기억상실이 걸리지 않는 이상은 그 말이 가슴 깊이 남을 수도 있다. 앞으로 말을 할 때는 신중하게 생각하고 해서 더는 말 때문에 상처를 받는 사람이 생기지 않도록 노력해야겠다.

45. 충동

군대에서 한참 무좀 때문에 고생하던 때였다.

일과시간에는 전투화를 신고 있어서 언제나 땀이 차기 때문에 발이 가렵지만 전투화를 벗을 여유가 없어서 가렵다고 긁을 시간이 없었다. 그러나 일과가 끝나고 전투화를 벗으면 그때부터 가려운 부위를 긁어서 고통을 없앨 수가 있다.

그러나 긁는 것도 중독인지 한 번 긁기 시작하면 계속해서 긁기 때문에 처음에는 가려워서 긁던 것이 나중에는 중독된 것처럼 긁게 된다.

발을 오래 긁으면 발에 독이 올라 발이 부어오르기 때문에 나중에는 발이 너무 부어 전투화를 신지도 못하고 걸어 다니지도 못할 정도로 고통을 받은 적이 있었다.

집에 있으면서도 이와 비슷한 경험을 한 적이 있다. 모기에 물렸을 때인데 모기는 사람을 물때 자신이 가지고 있는 독을 사람에게 주입하고 피를 빨아 먹어서 그 독 때문에 물린 부분이 가렵게 되는 것이다.

모기에 물리면 사람들은 가렵기 때문에 그곳을 계속해서 긁게 되어 가려움을 없애지만 나중에는 가려웠던 부위가 더 심하게 가렵고 그전보다 강도를 더 세게 해 긁기 때문에 물린 부분에 피가 나고 상처가 생기면 자칫 잘못하다간 2차 감염에 걸릴 우려도 있다.

이런 행동들을 참 바보 같다고 생각하는 사람들도 있을 것이다. 순간적인 가려움을 참으면 나중에는 가렵지 않은데 그 한순간을 참지 못하고 가려운 부위를 긁어서 나중에는 가려움보다 더 큰 고통을 받게 된다는 것이다. 나중에 큰 고통을 받게 되면 그때 자신의 행동에 대해 후회를 하지만 긁는 행위를 할 때에는 나중에 어찌될지를 생각하지 않고 그저 이 순간의 가려움만을 없애면 좋겠다는 생각을 하게 된다.

사회에서도 이렇게 무좀에 걸리거나 모기에 물려서 지나치게 가려운 곳을 긁다가 나중에 고통을 입는 경우가 많다.

학창시절에는 누구나 시험 직전에 벼락치기 공부를 한 경험이 있을 것이다. 벼락치기 공부는 암기를 위주로 하는 과목의 시험을 보기 전에 해두면 효과가 크지만 수학이나 영어같이 꾸준히 공부를 하지 않으면 안 되는 과목에서는 별 효과가 없다.

나도 학창시절에는 공부를 하는 게 너무 싫어서 시험기간 전에 모든 과목을 벼락치기로 공부한 경험이 많다. 지금 생각하면 불행한 일이었지만 몇 분의 선생님은 교과서 위주로 공부를 하라는 뜻에서 교과서에 나오는 문제를 시험에 내셨는데 교과서로 벼락치기를 한 후 이런 문제들이 나오면 언제나 시험성적이 좋아 계속해서 벼락치기 공부를 하게 되었다.

수학의 공식 같은 것은 생각하지도 않고 그저 문제와 답만 외우기 때문에 시험성적은 괜찮게 나왔지만 나중에 수능을 볼 때는 기초가 없는 것이 얼마나 후회가 되던지 심적 고통을 뼈저리게 느꼈다.

순간순간 공부를 하기 싫다는 생각이 나중에 수능의 점수까지 바꿔 놓은 것이다. 그때 만약 공부를 하기 싫다는 유혹들을 뿌리치고 꾸준히 기초적인 공부부터 했으면 대학입학원서를 썼을 때 대학선택의 기회가 더 많았을 것이다.

기업에서도 순간의 충동을 이기지 못하는 경우가 있다. 최근에 불경기이다 보니 어떤 상품이 히트를 치면 다른 기업이 이를 모방한 제품을 내놓게 되는데 이는 그 상품을 개발하는 개발비를 절약할 수 있다는 장점이 있다. 그러나 소비자들은 그런 기업들을 그리 좋게 생각하지는 않다.

엄연히 수많은 시간과 비용을 들여서 만들어 놓은 상품을 다른 기업은 별 수고도 없이 베낀다면 소비자들은 그 기업은 남의 회사 물건이나 모방해서 만들어 파는 기업이라는 인식을 가지게 되고 이에 따라 기업의 이미지도 나빠지게 되어 그만큼 상품의 판매량도 적어지게 된다. 수많은 모방제품이 시중에 나와 있는데도 언제나 원조제품이 시장에서 1위를 하는 것에서 그런 생각을 발견할 수 있다.

그저 비용과 시간을 줄이겠다는 순간적인 생각으로 나중에는 기업 이미지만 나빠지고 제품의 판매가 줄어드는 결과가 상당히 많다.

다이어트를 할 때도 언제나 주의해야 할 점이 순간적인 충동을 피하라는 것이다. 살이 찌는 것은 먹은 음식의 칼로리가 소비하는 칼로리보다 더 많아서 칼로리가 몸에 남아 있으면 자연히 살로 가는 것이고 살이 가장 많이 찌는 것은 자기 전에 먹는 음식의 종류와 양 때문이라고 한다.

밥을 일찍 먹으면 나중에 배가 고파진다. 만약 밥을 오후 6시에 먹으면 나중에 배고파지는 시간이 10시 정도가 된다. 개인적으로 다르지만 보통 사람은 12시 이전에 자는 사람이 많기 때문에 10시에 무엇을 먹는다는 것은 나머지 2시간 동안 먹은 양만큼의 칼로리를 소비해야 한다는 것이다. 그러나 어떤 사람이 밤늦은 시간에 운동을 하겠는가? 결국 그 양만큼의 칼로리가 자는 사이에 살로 가고 다음 날 일어나면 살이 쪘다는 걱정을 하게 되는 것이다. 그저 2시간 정도만 참다가 잠이 들면 되는데 그 당시의 충동을 이기지 못하고 먹게 되면 그만큼의 살이 찌게 되어 나중에는 많은 시간을 들여야 찐 만큼의 살이 빠지게 한다. 나의 경험을 바탕으로 해서 한순간의 충동이 나중에 커다란 피해를 준다는 이야기를 몇 개 써보았지만 이런 것과 비슷한 종류의 경험을 한 분들도 많이 있다고 생각한다.

'나무 하나하나만 보지 말고 숲 전체를 보라.'

이 말은 어떤 영어 독해 책에서 본 구절이다. 영어 독해는 시간

싸움이기 때문에 한 단어씩만 보면서 독해를 하면 시간이 오래 걸리지만 전체적으로 보면 시간을 많이 줄일 수가 있다는 뜻일 거다. 그러나 이 글의 뜻을 다른 쪽으로도 생각을 해보면 이런 뜻도 된다.

'한순간 한순간만을 생각하지 말고 앞으로의 일을 생각해 봐라.'

순간적인 괴로움을 이기지 못하고 문제를 해결하려고 하면 나중에 더 큰 고통이 찾아올 수도 있다. 넓은 안목을 가지고 더 생각하면서 행동해야 미래에 그런 고통을 받을 확률이 낮아질 것이다.

순간의 만족을 위하기보다는 멀리 내다보는 생각을 길러야겠다.